学校ケースメソッドで参加・体験型の教員研修

安藤輝次 編著

図書文化

はじめに

　この本では，教員がしばしば直面する問題について，事例を手がかりに，その問題の本質は何かということを明らかにし，どのように解決するのかということを互いに追究し，解決法を探る，教員研修の手だてを記しています。

　"教員研修"といえば，最初にイメージするのは講演会でしょう。講師から長々と説明を聞いて，眠くなったりしたことはありませんか？　講演を聞いている間は「なるほど…」と思ったけれども，学校へ戻ってみれば同じような条件でもないので，役立つこともなかったということはありませんか？　この本は，そのような受け身の研修を勧めていません。

　講演は嫌いだけれど，ワークショップ型の研修なら好きだという人もいるでしょう。たしかに活動中心ですから，居眠りをすることはありません。随所に講師の解説もあって，充実感があります。でも，ワークショップの適用範囲は，一般的なスキルに焦点化されているので，限られています。ときには，活動主義に陥って，何を学んだのかさえわからないワークショップもあります。

　現実の教育実践は，学校や教師や子どもの実態によって1つとして同じものはありません。地域性の微妙な影響も受けています。ですから，昔から"教師は学校で育つ"と言われてきました。

　ところが最近，団塊の世代が続々と退職し，若手の教員が多くなり，そのような学校内の教員研修機能が衰退しつつあります。また，ベテラン教員でさえ，特別支援教育や保護者対応など新しい教育的要請に応えることに苦労しているという状況もあります。

　では，どうするのかというと，本書で取り上げている"学校ケースメソッド"を活用することです。この方法では，どの地域のどの学校でも起こりうるような問題を取り上げたケース（事例，ただし固有名詞や人名等は仮名）を読んで，「何が問題で」「いかにその問題を解決するのか」ということを考えるように設定されています。ケースには，3つ程度の設問が設けられていますから，何を検討するのかということははっきりしています。設問を検討する中から本質的な問題を見つけ出し，解決法を探ることができます。

　できれば，本書を使って，学校内の先生方と研修をしてください。10人以上

の研修規模なら，効果は必ず表れると思います。本書を手にしたあなたが進行役となり，ケースに対応するティーチング・ノートを読み込んで，何度か校内研修会を開いてください。同僚とさまざまな角度から問題を検討し，解決策を考えていくうちに，自然とあなたの学校，学級の子どもたちとケースに登場する人物とが重なり合って，自らの実践を省察できることでしょう。

さて，本書の第1章は，学校ケースメソッドとは何か，その根底にはどのような理論があり，ケースやティーチング・ノートをどのようにつくって，いかに実施し，どのように評価をするのかということを述べています。

第2章では，既成のケースを使って，どのように学校ケースメソッドを実施するのかということを物語風に綴っています。参加者の気持ちや動きなどは事実から推測したり，多少変えていますが，学校ケースメソッドのおおよその進め方はおわかりになると思います。

ここまで読んでもらえば，第3章に掲載している教科指導や生徒（生活）指導，問題行動，保護者対応，授業研究など教育実践をめぐる5つのケースや，第2章で紹介した学業不振児のケースから，どれかを選んで，あなたの学校で実際に学校ケースメソッドを試みてください。

教員免許更新制度が始まり，教員研修に関心が高まっていますが，"労多くして，成果なし"とならないように，学校ケースメソッドが教育の理論と実践の往還に何ほどか寄与できれば，これに過ぎる喜びはありません。学校ケースメソッドは，生まれたばかりです。したがって，みなさまのご批判・ご批正をいただきながら，よりよいものに改善していきたいと思っております。

なお，学校ケースメソッドの試行段階からご協力いただいた兵庫県姫路市立南大津小学校の上村富男校長先生には，いろいろ無理なお願いも聞き入れていただき，ほんとうにお世話になりました。有り難うございます。奈良県御所市立葛小学校の前校長，溝口平和先生と現校長の向手利幸先生にも，さまざまなご配慮をいただきました。厚く御礼申し上げます。

最後に，本書の編集段階から水野昇氏（図書文化社）には，とかくむずかしいとされている討論を円滑に運営するという学校ケースメソッドの方法論を，わかりやすく簡便に説明するために有益なアイディアを頂戴いたしました。心より感謝申し上げます。

2009年2月

編者　安藤輝次

学校ケースメソッドで参加・体験型の教員研修

まえがき

序　章　学校ケースメソッド実況中継
－自作ケースで進行役も務める－……8

第1章　学校ケースメソッドの理論
1　ケースメソッドから学校ケースメソッドへ……18
2　学校ケースメソッドの根底にある理論…………23
3　学校ケースメソッドの基本的展開………………27
4　ケースの構成要素とタイプ………………………34
5　全体討論を活発化させるポイント………………36
6　ケースのつくり方…………………………………39
7　ティーチング・ノートとは何か…………………44
8　研修の評価と受講者評価…………………………49

第2章　学校ケースメソッドの進め方
1　基本的な手順を押さえた研修を…………………54
2　進行役による討論プラン…………………………59
3　参加者による個人学習……………………………63
　　●ケース「加奈の算数力アップの秘策は？」
4　研修会の直前や合間における修正………………69
5　研修会：概要説明から小集団の話し合いへ………71
6　全体討論：学業不振児の「ほんとうの問題」……74
7　全体討論：学業不振児に対する対処法……………78
8　全体討論：保護者との連携の仕方…………………83
9　研修会の感想を振り返って………………………87
　　●ティーチング・ノート「加奈の算数力アップの秘策は？」

目次

第3章 学校ケースメソッド教材集
1. 自分なりの討論プランをつくろう……………………102
2. 概念的理解:成績も意欲もデフレ・スパイラル……105
   - ●ティーチング・ノート 108
3. 授　業　論:何のための授業研究か………………117
   - ●ティーチング・ノート 121
4. 情報モラル:一難去って,また一難………………131
   - ●ティーチング・ノート 135
5. 軽度発達障害:空気を読めない翔ちゃん……………147
   - ●ケース「空気を読めない翔ちゃん［パート2］」 150
   - ●ティーチング・ノート 152
6. 保護者対応:「不公平だ!」と言われて……………162
   - ●ティーチング・ノート 166

学校ケースメソッドQ&A……175

学校ケースメソッド実況中継
― 自作ケースで進行役も務める ―

学校ケースメソッド実況中継
－自作ケースで進行役も務める－

1 ● 不安な出発：個人学習も進行役も準備不足

　平成19年9月26日，姫路市立南大津小学校（教員：19名，児童：約330名）では，放課後に先生方が集まって，学校ケースメソッドによる研修がいま，まさに始まろうとしています。本校では，これまで3回にわたって私（安藤）が外部講師として学校ケースメソッド研修をしてきましたが，今回は，同校の三木達也先生が，全体討論の進行役を初めて務めることになり，やや緊張しているようです。

　ケースは，三木先生が他校での経験を思い起こして原案を書き，私の修正加筆を経てできたものですが，当日になって三木先生に「進行役を務めてみませんか」と勧めると，「じゃ，やってみましょう」という話になったのです。

　でも，気がかりな点があります。研修で取り上げるケースは，普通なら数日前に先生方に渡され，設問に対する答えを書くようにしてきたのですが，今回は，ケースづくりが遅れ，今朝，先生方にケース（下欄に概要を示す）が渡され，休憩時間や昼休みなど空き時間にケースを読み，答えるという程度の「個人学習」をしたにすぎないからです。

　それでも，三木先生以外の先生方は，「どんな研修になるのだろう？」と興味津々，リラックスした雰囲気さえ感じられます。この空気が三木先生にも伝わって，自由闊達な議論が展開されればよいのだが……，そのようなことを願わざるをえません。

　6年担当の藤田先生は奈々子から，自分のブログに美紀が入って荒らしているという話を聞いた。それで，美紀にブログの管理者になりすましたり，勝手に書き換えるのは"ネチケット違反"であると叱って，双方の保護者に電話で家庭におけるインターネットの使い方の指導をお願いした。

　ところが，約1ヶ月後，今度は，奈々子が美紀に対する誹謗・中傷をブログに書き，その内容を鵜呑みにした級友もいて，美紀が学級内でも孤立していることが判明した。それで再び，子どもたちから事実関係を把握して，厳しく注意したあと，家庭に電話連絡をしたところ，保護者から「学校で情報モラルの指導をしっかりやってないのではないか」と逆に非難されて，当惑した。

2 研修全体の説明から小集団での話し合いへ

　さて，進行役の三木先生は，ケースのプリントをしっかりと握っており，やはり緊張していることは否定できません。
　「今日は，"情報モラル"のケースです」と述べ，「わからないことがあったら，その都度，質問してください」と言ってから，ケースの内容を半分ほど読んで，ブログとは「パソコンや携帯電話を使って，ネット上に日記などを書いたもの」という用語の説明もしたあと，ケースの後半を読み進めていきました。今朝，先生方にケースを配ったばかりですから，このような配慮をしているのかもしれません。なかなか細かな気遣いもあって，出だしは上々です。ここまででおよそ8分が経過しました。

（吹き出し左）小集団で話し合って，25分後から全体討論にしようか
（吹き出し右）この班は，この部屋で，他の班は…

　それから，三木先生は，時計を見て小集団に別れて20分程度，ケースの最後に書いてある設問を中心とした話し合いをするように述べました。そして，25分後からこの部屋で全体討論をするので集まるようにと指示しました。設問は，次の3つです。

【設問1】美紀が奈々子のブログを荒らしたとき，どのような指導をしておけばトラブルの再発を防げただろうか。
【設問2】保護者からどのように情報モラルを指導しているかと説明を求められたが，どのように答えれば学校での指導を理解してもらえただろうか。
【設問3】このトラブルの状況と指導の経過を学校長に報告したところ，学年で相談のうえ「情報モラル」をどのように指導していくか，計画を立てるよう求められた。どのように計画すればよいか。

3 ● 小集団の話し合いは，関係者以外立ち入り禁止

　残念ながら，この日の小集団による話し合いの模様をビデオや写真で撮影していませんでした。私たちは，基本的に小集団内で自由な意見交流を行い，教え合いをするための配慮から，そのようなことを避けてきたのです。したがって，ここでは，たまたま春に行った小集団による話し合いの模様を撮影した写真がありましたので，それを掲載しておきます。小集団では司会者を一人選んで，話し合いを行います。

　なお，三木先生は，情報教育に多少とも見識のある先生をどの小集団にも必ず入れるようにグループ構成を工夫していました。事前のケース配布によって個人学習の時間を保証することも大切ですが，このような小集団編成の配慮も大切なように思います。

4 ●【設問1】の全体討論：教師の指導に対する問題の共通理解を図る

　さて，全体討論が始まりました。冒頭に，進行役の三木先生から3つの設問をそれぞれ15分程度ですませて，残りの15分を全体的な時間としたいとのお話がありました。

　そして，【設問1】「美紀が奈々子のブログを荒らしたとき，どのような指導をしておけば，トラブルの再発を防げただろうか」に対して，最初に発言したのが教員になってまもない小倉先生でした。「1つ1つ指導し，継続して積み上げていく。全体にも指導，事後も継続して注意して様子を見ておく」という模範生的な発言です。

　しかし，この発言を受けて，「"1つ1つ"の中身は？」という問いかけがあり，同じ小集団内の教員から付け加えの説明や，他の小集団の教員から「事後指導」について具体的な提案がなされます。また，年輩の先生から「自分も100％指導できるかどうか自信がな

いが，もう少し事実関係をきちっと把握すべきではないでしょうか」という率直な意見も吐露されます。そのような討論が10分ほど続いたあと，同校の先生の実践を例に出しながら，「たしかに学校で系統的な指導計画を立てる必要性はあるが，その際に"具体的な言葉"にして伝えなければ保護者の理解は得られない」という発言がありました。たしかに，学校ケースメソッドでは，他人事であるケースの内容を読み，話し合う過程で自らの教育実践とも自然と結びつけられ，わが問題にもなるのではないでしょうか。

そして，三木先生は，発言がひととおり出尽くしたので板書内容と関連づけながら，【設問1】に対する答えを，次の4点にまとめました。ここまでで15分経過です。

【設問1】藤田先生がすべきだった指導は

① ネチケット違反の具体的内容を押さえ，法にふれる重大行為であると指導する。
　・ID・パスワードの管理，なりすまし，著作権の書き換え，誹謗・中傷
② 2人の人間関係のケアをもっとすべきであった。
　・2人の心のすれ違いの原因を押さえ，心を解きほぐすこと
　・2人の様子の継続的な観察，指導
③ 全体への指導が必要であった（継続的な積み上げができるように）。
④ 家庭との連携が必要であった。
　・問題の重要性から，電話連絡でなく保護者に直接面談するほうがよかった。
　・ブログの内容を確認するなど，家庭の責任として協力を要請する。

---

5 ●【設問2】の全体討論：保護者対応は電話だけでは不十分

【設問2】は，ブログ荒らしをしたり，誹謗・中傷した子どもたちの保護者に対して，本来ならどのようにすべきであったのか，ということを問うものです。それに対してさまざまな意見や提案が寄せられ，進行役の三木先生は，【設問1】の板書にも関連づけていきます。

本校の実践に引き寄せて考えないと

本校の他の先生の実践例をあげながら，教師特有のむずかしい用語ではなく，「具体的な言葉にして伝えていかなければ，保護者の理解は得られない」という三谷先生の，ジェスチャーたっぷりの発言が印象的でした。ケースで書かれた内容を，研修を行っているこの学校の実践と結びつけていたからです。

　その後，三木先生は，【設問2】に関する討論について，板書内容を振り返りながら次のようなまとめを口頭で行いました。

【設問2】保護者対応の仕方は
① 人権意識を高めていく（人権を大切にすることがベースである）ことを伝える。
② 計画的・系統的に取り組んでいることを伝える。
　・どのように指導しているか具体例を示し，理解してもらう。
③ 1回目の指導でうまくいかなかったところは認め，反省し，謝罪する。
　・加害者の指導のみになっていて，被害者の指導・ケアができていなかったこと。
④ 家庭で考えていく部分（家庭での指導）を依頼する。

　このまとめのあと，三木先生は，「家庭で考えてもらうことをどのように伝えるべきでしょうか」という補助的な発問を投げかけました。おそらく【設問2】をまとめている間に，三谷発言をもっと発展させたいという願いが生まれたのではないでしょうか。

　それから，自らの実践に関連づけた発言が次々と出されます。例えば，三木先生は，インターネットを使って日記で情報交換していた経験を話しました。西田先生からは，携帯電話でしか入れないサイトを見逃さないことなどの提案があり，それに対して，進行役の三木先生から「では，どうしたらよいのですか。生徒指導のパンフレットには出ていませんか？」と切り返して，先生方から笑いが生まれます。

　そこから先生同士で質疑応答が始まり，三木先生も，以前研修した人権学習会のビデオの内容に関連づけて，「閲覧不適切な内容を見せないようにする」ファイタリングの技術的な説明をしたり，裏サイトや裏掲示板について身振り手振りを交えたりして解説しました。たしかに，40分少々を経過して，学校ケースメソッド研修会の雰囲気が柔らかくなってきたようです。

6 【設問3】の全体討論：情報モラルのカリキュラムづくり

　進行役の三木先生は，「残り時間20分ですので，【設問3】の情報モラルの指導計画をつくりましょう」と呼びかけて，話し合いを進めていきました。研修会に参加している先生方は，下の写真が示しているように，互いに話し合ったり，他の教員に笑顔で答えたり，会場全体の空気がほんとうに柔らかくなってきました。

　結局，低学年・中学年・高学年に分けて情報モラルを教えたり，気づかせたりするカリキュラムづくりをしようということになり，何を教えるのかが話し合われました。その途中で，三木先生は，本校の教員全員が持っている情報教育のパンフレットを示して，「ここで抜けているのは何でしょうか？」と問いかけたので，先生方は，さらに深く学ぶようになったと思います。

　そして，三木先生は，【設問3】について，次のようなまとめをしました。

【設問3】情報モラルのカリキュラムづくり

① 本校で以前配布された資料を参考に，低・中・高学年ごとの具体的な指導計画を立てる。
② 親子で学習する機会を設けることも必要である。
　・例えば，参観日を利用する。
　・学校での指導やインターネットの光と陰に関する内容を保護者に啓蒙する。
③ 家庭でのインターネットや携帯電話の活用状況を調査する必要がある。
④ 教師の研修が必要である。

ここまでで50分少し経過して，まもなく全体討論に当てられた予定の1時間になります。

そして，進行役の三木先生は，【設問3】の補助として「情報モラルに関する具体的な事例をあげ，低・中・高学年のどの段階に位置づければよいか，実際に当てはめてみましょう」と問いかけたのです。

この補助発問に対する話し合いは，5分程度しかとれませんでしたが，その結果，次のような案ができあがりました。

＜低学年＞

・ID，パスワードを他者に教えない。
・インターネットは，大人と一緒に使う。
・悪口（誹謗・中傷）は，書かない。

＜中学年＞

・掲示板への書き込み方。
・メール，チャットのマナー。

＜高学年＞

・チェーンメールは削除する。
・なりすましは違法行為である。

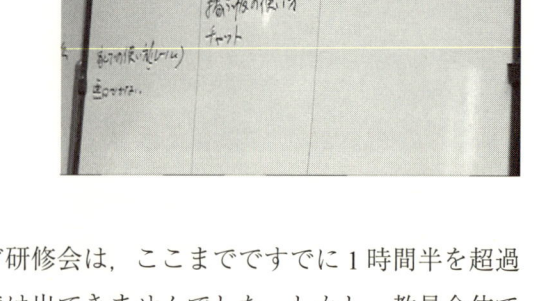

午後3時半から始めた学校ケースメソッド研修会は，ここまでですでに1時間半を超過していましたので，これ以上に詳しい案までは出てきませんでした。しかし，教員全体で知恵を寄せ合って，情報モラルのカリキュラム原案までつくることができたという達成感でいっぱいのように思われました。

7 学校ケースメソッド研修会を終えて

さて，ここまで読んでいただいて，「学校ケースメソッドとは何か」ということのおおよそのイメージを抱いていただけたでしょうか。冒頭にお話しましたように，今回は，個人学習の時間を十分とることができずに臨んだ学校ケースメソッドでした。

個人学習の段階で最もよくできていた教師でさえ，次頁に示すように，それぞれの設問に対する答えは，どちらかといえば抽象的であり，具体的に問題点を指摘したり，提案したりするまでにはいたっていませんでした。

また，今回の学校ケースメソッドは，進行役が初体験の先生でしたから，必ずしもベストの状態ではありません。

しかし，今回の学校ケースメソッドの研修後に参加者の先生方に書いてもらった感想（自由記述）をまとめると，16頁のようになりますが，予想以上に多様で豊かな学びをしていることがわかります。

> 【設問1】美紀が奈々子のブログを荒らした時、どのような指導をしておけば
> トラブルの再発を防げただろうか。
>
> 全体に、美紀さんがしたことはまちがいだが、それに対しての腹いせや
> 内容の変更のみにするという行為はあやまりであるということを
> 指導しておく。
>
> 【設問2】保護者からどのように情報モラルを指導しているかと説明を求めら
> れたが、どのように答えれば学校での指導を理解してもらえただろうか。
>
> 自分の指導したことをきちんと伝え、次の段階のことまで
> 指導できていなかったことについては素直にあやまり、今後は
> このようなことがないよう指導すると共に、家庭でのPCの操作に
> ついては、保護者の協力を求める。
>
> 【設問3】このトラブルの状況と指導の経過を学校長に報告したところ、学年
> で相談の上「情報モラル」どのように指導していくか計画を立てるよう求
> められた。どのように計画すればよいか。
>
> 学年に応じた内容を、系統的に例を挙げて具体的に
> 計画する。

とりわけ、もっとも多い感想が(4)の「学校・教員の取組み」で、7つありました。このことから、また前述の全体討論の様子からわかるように、南大津小学校では、ケース教材が描いているネットワーク上の問題だけではなく、日常生活における人間関係の重要性を再認識するきっかけになり、また、教員同士で教職年数とは関係なく、互いに素朴な疑問を出して、知っている事柄を教え合うという横のつながりも出てきました。情報モラルに関するキーワードと相互の構造的な結びつきも、おおよそ理解してもらったように思います。

学校ケースメソッド研修会で最も力量を高めることができるのは、実は、参加者よりもむしろ進行役でしょう。研修終了後、「あそこをこう言うべきであった」とか「この意見を拾って、ここにつなげたほうがよかった」という反省があるでしょう。それが次の力量形成のきっかけになるように思います。

ただし、今回のように進行役を初めて務める人でも、ある程度のレベルを保って全体討論をリードできるようになるための秘密があります。それは、第3章に掲載しているように、教科指導における指導書に当たる学校ケースメソッドのティーチング・ノートがあるということです。「ケースだけでなく、ティーチング・ノートも自作で学校ケースメソッドを行いたい」という人もいるかもしれません。そのような人は、第1章から第2章までを何度も精読して学校ケースメソッドに取り組んでいただければと思います。

今回の学校ケースメソッド研修会の感想

(1) インターネットの利用状況

　ⓐトラブルがいつ起こってもおかしくないと思った。

　ⓑ世の中が便利になればなるほど弊害もあり，それに対する手だてを考えていかなければならないと思った。

　ⓒ目に見えないところでの人権侵害が多岐にわたってきている。

　ⓓインターネットがらみの事件に子どもが巻き込まれることが多くなっている。

　ⓔ子どものほうがパソコンを使いこなし，大人の知らないところで情報が飛び交っているように思う。

(2) 情報モラルに関する指導

　ⓕ互いを思いやる人権意識の高揚が大切である。

　ⓖ掲示板を荒らされたときの対処も教えればよい。

　ⓗルールやマナーを守り，人権に配慮することができなければ，ホームページをつくる資格がないことを教えたい。

　ⓘ（影の部分だけではなく）インターネットのよさも高学年段階で感じ取らせたい。

(3) 子どもの実態把握について

　ⓙ子どもの実態把握が大切である。

　ⓚ子どもの世界を知って，小さなことでも気づいていく必要がある。

(4) 学校・教員の取組み

　ⓛ実際に指導していかないと，責任がもてない時代になっていると思う。

　ⓜふだんから実践しておかなければいけないことの重要性を実感。問題が起こってからでは遅い。

　ⓝ子どものほうが進んでいる面があり，大人もしっかり学ぶべきだと思った。

　ⓞＩＣＴは苦手ではすまされない時代にきている。

　ⓟ教師自身が危機感をもつことが必要であると感じた。

　ⓠ自分自身の情報モラルの知識が浅いことをあらためて実感した。

　ⓡ具体的な指導ができるような研修の必要性を感じた。

(5) その他

　ⓢ今後に生きる研修であった。

　ⓣ今日の事例は起こりうることなので，勉強になった。

　ⓤかなり身近な問題で，興味深かった。

　ⓥ本校の情報教育の足がかりとなる研修であった。

学校ケースメソッドの理論

第1章●学校ケースメソッドの理論

第1章-1

ケースメソッドから学校ケースメソッドへ

1● 学校ケースメソッドは，調査方法か教育方法か？

ケース（事例）には，次のような2つの用法があります[1]。

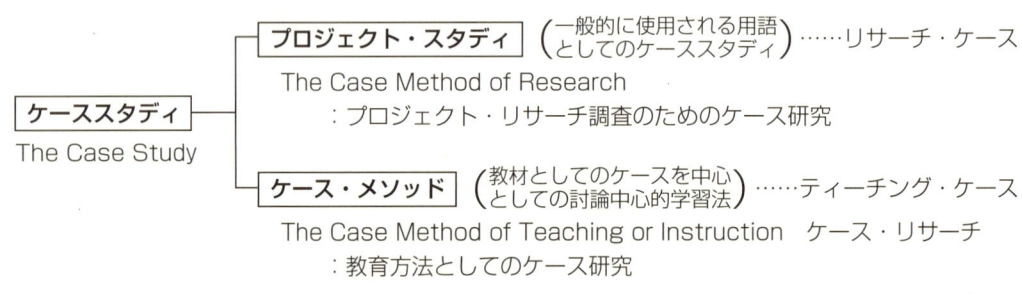

図　ケーススタディの2つの用法

　第1の用法は，ケースを調査研究のために使うというものです。
　例えば，"情報モラル"の問題として，掲示板による情報漏洩や誹謗中傷に関する1つまたは複数の事例について，①被害状況，②学校のコンピューター環境・利用状況，セキュリティ対策，③発見の経緯，④被害への対応，⑤今後の対策と効果，という項目ごとに調べて記述し，複数の事例ならば比較対照して共通点や相違点を見いだし，適切に対処する方法論を抽出するという手法があります。ここで，ケースを研究する目的は，何らかの理論を導き出すことです。
　第2の用法は，ケースを教育方法として使うというものです。
　これは，特定の教育問題をめぐる教師の悩みや葛藤を物語風に描き出し，そこで教師同士が事実認識を踏まえたうえで，どうするべきか，この方法を適用すれば一定のリスクはあるが解決可能ではないか，と討論を通して考えていく方法です。そこでは，最初は，ケースの内容にそって全体討論が展開されますが，そのうち自らの学校の問題や解決にそった話に結びついていくこともあります。

ただし，これらの2つのケースの用法は，ケースメソッド誕生の地のアメリカでは必ずしも明確に区別しているわけではありません。

では，学校ケースメソッドは，調査方法でしょうか，それとも教育方法でしょうか。この疑問に答えるためには，学校ケースメソッド誕生の前提となったケースメソッドの歴史を辿らなければなりません。

2 ハーバード大学で始まったケースメソッド

ケースメソッドは，およそ100年前，アメリカで生まれました。当時，ハーバード大学法学部は，裁判所が特定の訴訟について下した判決の例，つまり，判例を授業の教材として使っていましたが，1908年，法学部から独立した商学部は，この判例研究法を商学の授業に取り入れるようになります。ただし，その動きが本格化したのは，1919年，ドハム（Donham, W. B.）学部長がハーバード大学法学部の卒業生で，判例研究法を研究していたコープランド（Copeland, M. T）教授に商学のケースを作成するように命じたころからです。

そして，1920年に出来上がったのが，会社経営のリアルな問題，つまり，経営事例を取り上げ，そこで下さなければならない意思決定を学生に迫って，討論をさせる"教授用事例集"です。これがハーバード方式として有名になったケースメソッドの原型です。

このように現実のリアルな問題に焦点を当てて，学生の意思決定能力の訓練を行うことがケースメソッドの大きな特徴となりましたが，その後，ハーバード大学のレスリスバーガー（Roethlisberger, F. J.）は，事例の中には人間関係と，決定を下したり，決定を求められたりする問題事態が含まれているととらえ，この方法に人間関係訓練法という性格づけがあるのではないかと考えました。つまりケースメソッドを，①問題法または意思決定能力訓練としてのケースメソッドと，②人間関係訓練としてのケースメソッド（ケースの中の人間関係，そのケースの検討から触発された参加者間の人間関係）というように特徴づけたのです。

そして1951年，レスリスバーガーは，ケースメソッドを発展させて，人間の感情を学ばせることを目的とした感受性訓練の方法を開発しました。

第1章●学校ケースメソッドの理論

3 ● わが国へのケースメソッドの導入

　第二次世界大戦前，わが国の大学におけるイギリス法学の一部の科目でハーバード大学経営大学院のケースメソッドが取り入れられましたが，ほとんど注目されませんでした。そして，戦後，1962年に，慶應義塾大学商学部でケースメソッドが採用されましたが，多くの人々が関心を寄せるようになったのは，ハーバード大学のハンセン（Hansen, A. J.）が1967年に行ったセミナーからでした。その手法は，翌68年に人事院の『JST指導者研究会議資料』に事例集としてまとめられ，その際にケースメソッドが「事例研究」と訳されたために，ケースメソッドが事例研究であり，事例の研究だからケーススタディでもあって，ケースメソッド＝ケーススタディと誤解されるようになったと言われています。

　ところで，これより早く，わが国では教育学にケースメソッドの導入が行われていました。佐藤三郎氏（大阪市立大学）は，1958年にスリランカの感受性訓練のワークショップにたまたま参加することになって以来，ケースメソッドに関心を抱き，「事例法」と訳して，1960年に神戸高校で日本赤十字社主催の高校生リーダー訓練で試み，その後，看護教育に引き継がれていくようになります。

　また，佐藤氏は，学校教育においても，1961年に学級のPTAに適用し，1964年に日本教育学会の機関誌『教育学研究』に「学校教育技術としての事例法」と題する論文を発表し，1969年に『人間関係の教授法』（明治図書）と題する書物を著しました。その後，大阪市内の小学校教諭であった吉増敏夫氏（後に和歌山大学）と一緒に道徳の時間に事例法を授業方法として導入し，子どもたちの人間関係改善のために役立てようとしました。レスリスバーガーの感受性の訓練が，ここに受け継がれているとみてよいでしょう。

　このように，ケースメソッドを「事例法」と名づけて教育にも適用しようとした試みがありました。今日でも，道徳の授業で登場人物同士が対立する場面を子どもに示して，互いの立場に立たせて，それぞれの考えや感じ方を理解させる方法がとられることもあります。それは，コールバーグ（Kohlberg, L.）のモラルジレンマの手法にも見られますが，他方では，事例法の名残りといってよいかもしれません。

　しかし，当時の学校の先生は，自分たちが悩んでいる事例を話し合い，自己を振り返り，研鑽に励むという意識が乏しかったために，教師教育としてケースメソッドの手法を受け入れるまでにはいたりませんでした。

4 ● アメリカの教師教育におけるケースメソッド

　1980年代初めのアメリカでは，コンパクトな日本車が大きなアメリカ車をスイスイ追い抜いてハイウエイを走る風景があちこちで見られるようになりました。車の値段が安いだ

けでなく排気ガス規制をクリアして燃費もよい車ですから，売れるのも当然のことです。テレビをつければ，日本の自動車だけでなく家電やカメラなどの会社のコマーシャルがたえず流れて，"ジャパン・ショック"とも呼ぶべき時代でした。

そのような中で，1983年，「教育の卓越に関する国家委員会」が連邦教育省に『危機に立つ国家』と題する報告書を提出して，教育内容の共通化と学問的レベルの向上を勧告しました。

そして，1986年に教師教育の充実を図ろうとした報告書『準備する国家』が発表されます。この報告書に触発されて，シュールマン（Shulman, L.）は，『教師教育におけるケースメソッド』（1992年）という本を世に問い，ケースメソッドを介した教師の力量形成の必要性を提唱し，それから全米各地でケースメソッドの実験的な試みがなされていくようになります。

5 ● ナラティブ的認識様式の重要性

シュールマンは，ブルーナー（Bruner, J. S.）が『意味づけの行為』の中で，認識にはパラダイム的様式とナラティブ様式の2つがあるという考え方を示した点に着目します。彼は，教育学は，どんな人でもいつでもどこでも通用し，量的に測定して，一般原理や法則を見いだすような"パラダイム的認識様式"をとるのではなく，むしろ特定の地域にある特定の学校の特定の教室に通う子どもたちを語る"ナラティブな認識様式"に位置づけるべきではないかと主張します。そして，ケースは，ナラティブの一種であって，私たちの注意を焦点化し，記憶に残るように働きかけてくれ，行動にも影響を及ぼし，転移力もあるのではないかと言うのです。それは，1980年代の文化人類学と状況に依拠した心理学との接近という動きから生まれた考え方でした。

6 ● 教師教育におけるケースメソッドの展開

教育分野におけるケースメソッドの実践は，サディナ（Sudzina, M. R.）が編集した1999年の『教師教育におけるケースメソッドの適用』から知ることができます。そこでは，初等学校や中等学校の国語担当教員の研修，大学学部の心理学や教育学の授業，大学院修士課程の心理学や博士課程の教育行政学の授業などさまざまな場でケースメソッドを使っています。紙に書いたケースだけでなく，ビデオやパソコンを駆使したケースメソッドも紹介されています。

とりわけ，サディナが関心を寄せているのが，ヴァージニア大学教育学部のマクナーギー夫妻（McNergney, R. f. and McNergney, J. M.）が実施しているビデオを使ったケースメソッドです。当初は，南アフリカの文化や環境に関する調査研究に関する約4分間の高

校の授業風景のビデオを用いて，アメリカで問題となっている国内のさまざまな文化をめぐる問題に関連づけて批判的な思考を養おうという試みから始まりました。しかし，1998年以後は，CaseNEXと呼ぶNPO法人を教育学部と共同で立ち上げて，さまざまな校種における教育場面での葛藤を取り上げたビデオ・ケースをインターネット上で配信し，大学院の教育学修士号まで取ることができるようになっています。

　このように，教師教育におけるケースメソッドは，シュールマンに触発され，すでに取り組まれてきた経営大学院のケースメソッドの影響を受けて，ヴァージニア大学教育学部を中心に展開され，小学校から高校までの現職研修や大学や大学院の授業において試みられるようになっています。

　最近では，ニューヨーク大学バッファロー校を中心とする，大学教育におけるケースメソッドの研究と普及活動も注目されています。ようやく法律学や経営学の擬似的模倣とは違った「学校ケースメソッド」が生まれてきたということです。

　さて，冒頭でお尋ねした「学校ケースメソッドは調査方法か教育方法か」という問いに対する答えは，おわかりだろうと思います。そうです，学校ケースメソッドは，調査研究方法ではなく教育方法なのです。

第1章-2

学校ケースメソッドの根底にある理論

1 ● ケースはメッセージをもったお話です

　私たちが話し手の話に夢中になるのは，どのようなときでしょうか。話し手がたとえトツトツと話していても，あるいは派手なパフォーマンスはなくとも，「これだけは伝えたい」という思いが強くあるような場合には，その人の話に引き込まれてしまいます。たとえ奇想天外な体験談でなくとも，聞き手自身も似たような経験があったりすると，思わず相手の話に聞き入ってしまいます。人は，ストーリーから何かを学ぶ動物なのです。

　お話の聞き手は，話し手のストーリーを聞くだけであって，そこから何かをするべきであるとか，してはいけないとかいう強制的な指示をされることはありません。しかし，聞く過程で忘れていた事柄を思い出し，その事態の複雑性を理解して心が救われたり，これはしてはいけないと自戒したり，あるいはもう一度チャレンジしてみようという意欲が生まれたりするのです。

　人が何かをしみじみと語るとき，そこには相手に何かを伝えたいという気持ちが込められているはずです。学校ケースメソッドでも同じであって，各自でケースを読み，参加者同士で話し合う過程に，何かを伝えたいというケースをつくった人の意図が込められています。学校ケースメソッドのケースは，単に読み手を楽しませるために書いたものではありません。教育的意図を含めたストーリーなのです。

2 ● 能力だけでなく原理も教え，倫理にもふれる

　教師教育のための学校ケースメソッドは，感受性訓練を行って人間関係を改善することのみを目的としているのではありません。経営学のケースメソッドのように，単に意思決定能力を鍛えようとするだけでもありません。シュールマンによれば，次の5つが学校ケースメソッドの目的であると言います。

❶特定の理論にかかわる原理や概念
❷実践に対する先例

❸道徳や倫理
❹方法，見方や考え方
❺将来起こりうる事柄の見通しやイメージ

　たしかに，学校ケースメソッドの研修後に参加者の先生方が抱く感想のうち最も多いのは，❷の先例に学ぶということです。例えば，第3章に紹介している「空気を読めない翔ちゃん」のケースを研修したあと，「身近にあるような題材でした」「このような児童や家庭は多い」「いま担任している学級の参考にもさせていただくことができた」という感想が寄せられました。

　このケースは，小学5年の翔ちゃんが授業中に不規則発言を繰り返したり，友達いじめをしたり，暴力を振るったりするので，教師の悩みの種になっているという話ですが，そこでは，問題行動の原因に関するチェックリストを示して，翔ちゃんはどれに該当するのかということを確かめ，そこから問題解決策を考えるようにしています。つまり，❶の「特定の理論にかかわる原理や概念」についても，全体討論でふれるようになっています。だから「目の前の現象だけでなく，その原因を考えることの大切さをあらためて感じた」という感想も生まれるのです。

　❸については，「学級に翔ちゃんさえいなければ？」と嘆く先生が登場しますが，参加者がこのケースを読むにつれて，「翔ちゃんに共感し合って解決していこうという教師の心構えがいちばん大切で，その子に寄り添うことができるようにじっくりと見て話をしていきたい」と進展していきます。このように学校ケースメソッドは，教師の道徳や倫理にもふれて，反省を促す効果もあります。

　❺については，ある参加者が「今後必ずあると思うので，今日の研修を生かして，子どもの思いを聞き，理解し，行動に移せるようにがんばっていきたい」と述べているように，将来起こりうる事態に備えようという心構えをもつことにつながり，「こんなケースが起こったとき，あの先生が言っていた方法を試してみよう」と，❹の方法や見方・考え方も身につけるきっかけになったということです。

❸ 大人は意識的思考から学び始める

　何かを学んでいるかどうかということは，3つのレベルに分けることができます[(2)]。

　最も低いレベルは，次頁の図の(1)「目に見える行動」であって，例えば，小さな子どもが「ひとつ，ふたつ，みっつ…」と言ってリンゴの数を数えていると，「ああ，この子どもは3つまでは言えるようになった」とわかります。

　次に(2)「意識的な思考」のレベルです。それは，(1)のように言葉や行動で表現しませんが，例えば，「おかしい，Aの資料とBの資料は食い違っている。どうして違うのか」

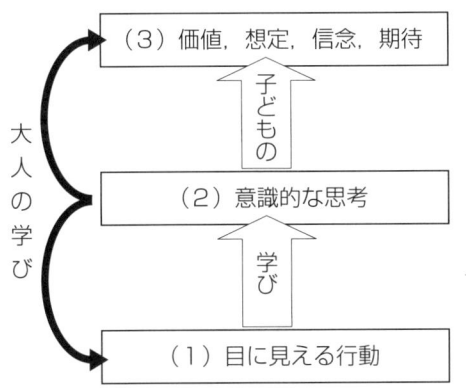

図　大人と子どもの学びの比較

と頭を絞って考え込んでいるけれど，外面的に言葉を発することもないので，わかりにくいというものです。

　最も高いレベルは，(2)のように特に注意を集中させたり，意識することもなく，このような場合にはこのように振るまうのが当たり前であるとみなすような(3)「価値，想定，信念，期待」のレベルです。

　そして，子どもは，(1)(2)(3)の順に学びを進めていきますが，大人はそうではなく，(2)の「意識的な思考」から始めて，(1)の「目に見える行動」を行ったり，(3)の「価値，想定，信念，期待」へと進んだりします。それが大人と子どもの学びの基本的な違いです。

4 ● 大人は具体や経験にかかわって学際的に学ぶ

　クローソン（Clawson, J. G. S.）によれば，大人は，次のような点でも学びの特有性があると言います[3]。

A．大人は，自分が学ぶ必要性に気づく状況から学ぼうと動機づけられるので，現在の学習の必要性にかかわる話題から始めなければなりません。

B．大人は，生活上の広範囲の出来事に目を向けがちであるので，個別の学問より，むしろいくつかの学問領域にまたがって学際的に教えなければなりません。

C．大人は，自分の経験から学ぶので，その経験の分析から学習し始めると，実りの多いものになります。

D．大人は，自己主導的になりたいという強い要求があるので，学習場面づくりにかかわらせなければなりません。

E．年齢とともに個人差が大きくなるので，その人の学習スタイル，時間，場所，速さ，

焦点，方法の違いに合った手だてを講じなければなりません。

このような大人特有の学び方をあげると，心当たりのある先生方も多いのではないでしょうか。私は，これまで講演をしたり，ワークショップのファシリテーターを務め，また教員向けの講演会にも数多く出席してきましたが，高度で理論的な話を理路整然と話しても，居眠りをする先生方を数多く見受けます。

たしかに，ワークショップのように，「目に見える行動」をさせると居眠りはなくなりますが，教師自身の教職の仕事のどこに位置づくのか，自分の知りたい，高めたい力量形成とどのようにかかわるのかということが明らかでないと，活動主義に陥って力量がつきません。教師の学びを促すには，日常の必要性に立脚し，葛藤や問題の場面における解決策を諸学問の知見を総動員して検討し，自らの経験を分析検討し，学習場面づくりに深くかかわって，学習スタイルなどの個人差も踏まえる必要があります。

したがって，教育学の理論や道徳や倫理感なども，直接教えるよりもむしろ具体的な場面で「ああでもない，こうでもない」と悩み，他者と問題を共有し，話し合いながら，自らを振り返るという方法をとるほうが効果的です。実は，このように間接的に教えるのが，学校ケースメソッドの方法です。だから，ケースメソッドが専門職大学院等で歓迎され，長年にわたって採用されてきたのです。

5 ● ケースを書くと深く学ぶようになる

最後に，私たちの経験を踏まえて言えば，学校ケースメソッドで使うケースを書く作業を積んでいくと，そのケースライター自身がケースの背後にある諸問題まで見通せるようになり，ものごとを深く理解できるようになります。ケースは，教師が単に自分の失敗談や葛藤を赤裸々に書けばよいのではありません。例えば，「教師があれをした，これをした」とか「子どもがこうなっているので，このように指導した」というように書かれているケースは，教師の目線でしか見ていないということです。子どもからのとらえ方が必要です。

このようにケースを書くことは，教師自身の見方・考え方を反省するきっかけになります。

第1章-3

学校ケースメソッドの基本的展開

1 ● 学校ケースメソッドの定義

　学校ケースメソッドを定義すると、それは、「参加者が学校問題にかかわるケースの使用を通じて、なすことによって学び、他人に教えることによって学ぶことができるようになる討論に基づく学習方法論」のことです。

　学校ケースメソッドは、教師教育のための方法論ですので、ここに言う参加者とは、幼稚園から小学校、中学校、高等学校、大学の先生のことを指しています。また、教員養成大学や学部や大学院で学ぶ学生や院生も含みます。

　ケースで訴えている問題について、「なすことによって学ぶ」ということは、互いの立場を知るためにロールプレイングをしたり、自分の教育実践と往還をしたりすることがあるからです。「他人に教えることによって学ぶ」とは、小集団や全体討論での話し合いを通じて、さらにはケースの葛藤に対する解決策をプレゼンテーションによって提案することなどがあるからです。そして、「討論に基づく学習方法論」というのは、進行役の人が必ずしも参加者たちの討論をリードしていくのではなく、参加者全員が「ああでもない、こうでもない」と知恵を絞って問題の解決を探っていくものであり、研修終了後、同様の問題に遭遇したときに、臆することなく、解決に積極的に取り組むようになる態度を身につけさせるためのものです。

2 ● 個人学習，小集団の話し合い，全体討論へと進む

（1） 3種類の学習形態

　学校ケースメソッドは、授業における3種類の学習形態の考え方を教員研修に活用しています。

　一般に、吉本均氏が言うように[4]、授業で交わされるコミュニケーションの点からとらえると、一人＝個人学習、班＝小集団学習、学級＝一斉学習という学習形態に分けることができます。しかしここでは、学校ケースメソッドに援用する関係上、子どもを学び手と

言いかえて，それぞれの特徴についてまとめます。それは次のようになります。
 (1) 個人学習
　これは，学び手が個性的に深まった考え方をするように，個人で考えたり，調べたり，書いたりして学んでいく形態ですが，一人一人の学習を成立させるための唯一の学習形態ではありません。
　一人一人の学び手は，小集団や一斉における話し合いに加わって，みんなに付和雷同することなく，納得のいかない意見に対しては異論を唱えたり，学びを深めるために話し合いに入る前に静かに考えたり，疑問等があれば調べてわかったことやわからないことをメモしたりする必要があります。その際に留意すべき点は，何を考え，調べ，まとめるのかということを明確にしておくことです。
 (2) 小集団学習
　これは，4～8名を1つのグループにして話し合ったり，調べたり，まとめて発表したりする学習形態です。そこでは全員が学びに加わり，発言せざるをえなくなり，その過程で本音やエゴイズムも出てきて，相互の批判や啓発だけでなく相互の評価も強めていくようになり，結果として一人一人の学び手に多様で深まりのある思考を生み出すことができます。その際に，小集団学習の課題を全員が共有し，学び手個人における思考が保証されていなければなりません。
 (3) 一斉学習
　一斉学習は，教師の優れた①説明や語り，②問いかけと，それを通した③学び手同士の話し合いによって，一人一人の学び手の間に学びの修正や拡張が行われ，筋道立った思考も生まれます。
　①の説明や語りは，教えたい内容を集中的体系的に伝えたり，間違いを修正したりするために役立ちます。②の問いかけは，一問一答ならば事実的な内容の確認に役立ちます。一問多答型にすると，③の学び手相互の発言を引き出すことに役立ちます。

（2） 3段階で進める学校ケースメソッド

　さて，学校ケースメソッドでは，次頁の表のような3段階で進めていきます。
　まず，事前にケース（所属校や氏名を明記）を参加者に配布して，そこに記した3～5の設問に対する答えを書くように指示します。ここでは，同僚教師と相談したり，尋ねたりするのではなく，一人一人の教師が，個人で熟慮して，ときには文献調べ等もして，せいいっぱい考えた結果を書いておく必要があります。また，全体討論では，設問に対して参加者から出される意見や感想をできるだけたくさん書き出します。したがって，事前に複数の黒板（上下か左右の可動式黒板，それがなければホワイトボードと併用）を用意す

るとともに，小集団が話し合う教室や部屋を確保しておかなければなりません。

　さて，研修会当日，できれば事前にケースの設問に対する参加者の答えを書いたプリントをコピーしておいて，討論の進行役の人が参加者の意見や感想を把握し，全体討論の展開を"討論プラン"の形でイメージしておくとよいでしょう。

表　学校ケースメソッドの進行

研修会前日まで （1時間程度）	研　修　会（90分の場合）	
	最初の30分	最後の60分
①個人学習 （ケースの設問への解答を記述する）	②小集団による話し合い （結論を導くのでなく，異なる意見にふれて視野を広げる）	③全体討論 （講師はポイントを押さえつつ，みんなで問題と解決策を探る）

　研修会は，参加者全員が全体討論でも使う教室または部屋に集合して，次の指示をしてください。
① 　まず30分程度の小集団による話し合いをする。ここでは小集団内での結論を導き出すのではなく，互いの考えを出し合い，自信を深めたり，自分の考えを修正したりすることが目的であるという趣旨を徹底する。
② 　小集団のグルーピングと割り当てた部屋または教室を発表し，各グループの話し合いで納得したり，自分の考えに組み込んだりした事柄については，設問の回答欄の空欄に括弧を付けて記しておくように指示する。
③ 　小集団の話し合いのあと，60分程度の全体討論を始める時間を告げる。

3　学校ケースメソッドの連続講座の進め方

　教職大学院の授業で実感したことですが，学校ケースメソッドは1回目より2回目，2回目より3回目と連続して実施するにつれて，小集団における学び合いだけでなく，人間関係の重要性を体験的に気づくこともあります。もちろん全体討論も活発になっていきます。

　また，1日をかけて午前と午後に1つずつのケース，あるいは，2日間で計4ケースのように連続して実施すると，その効果がはっきり目に見えて表れてきます。例えば，「教育課程と授業」という教員免許認定講習（52名参加）では，事前に1日目のケースを配布して，設問への答えを記述しておくようにお願いしたあと，次のような日程で2日間にわたって学校ケースメソッドを実施しました。

1日目　午前　1）小集団づくりのアクティビティ（アイスブレイキング）
　　　　　　　2）学校ケースメソッドの基本的な進め方の説明

第1章●学校ケースメソッドの理論

　　　　　　　　3）学校ケースメソッド①「加奈の算数力アップの秘策」
　　午後　4）講義：新学習指導要領で何がどう変わるか
　　　　　　　　5）学校ケースメソッド②「何のための授業研究か」
　　　　　　　　6）「振り返りメモ」の作成・提出＋2日目のケースの配布
2日目　午前　7）「振り返りメモ」による質問に答える
　　　　　　　　8）学校ケースメソッド③「学びの深まらない総合的な学習」
　　午後　9）学校ケースメソッド④「一難去って，また一難」
　　　　　　　　10）補足的な講義と参加者の振り返りの発表

　この2日間研修のポイントは，事前に1日目のケースを配布しておくこと，小集団編成は2日間とも同じとすること，1日目の6）で出された質問や要望等に対して2日目の冒頭で補足や説明等を行うことです。なお，それぞれのケースのねらいは違います。詳しくは，本書にこれらのケース（ただし③を除く）を掲載していますので，ご覧ください。そして，10）において，各自で振り返らせたあと，班から一人だけ挙手をお願いし，振り返りを発表してもらい，私からのコメントも添えて，研修を終えました。以下は，その後，レポートとして送られてきたものの抜粋です。

　「小集団では，『そうですね』という同意の言葉を聞くと，自分の意見や考え方に自信がもてたし，『それはそのとおりだと思うけれど，実際にはそうもいかないのでは』という感想を聞くと，もう少し考えてみたほうがよいと考え方を修正することもできました（Aさん）」

　また，③と④のケースは，設問でカリキュラムづくりを求めていて，小集団で力を合わせてカリキュラム編成を行い，各班で出来上がったものを提出して，参加者全員での共有化を図りました。それに関連した感想は，次のようなものです。

　「グループの中での作業を行い，単純に面白いと感じた。もちろん自分で考える作業はむずかしいし，足りない部分がよく見えてくるが，他の意見にふれることでまた考え直し，さらに練り直しができることが魅力だと思った。最後にそのケースの問題点やポイントを整理することで，自分の考えが近かったのかなど確認できることも重要と感じた。また，経験年数にとらわれず意見を交流させるよい方法だと思った（Bさん）」

　さらに，学校ケースメソッドで使った小集団学習を，子どもたちに対する授業でも使いたいという感想もあります。

　「この手法を授業に取り入れ，子どもたちにも実践していくと，課題が深まるし，横のつながり（仲間づくり）も深まっていくのではないかと思われます。それは，今日の講義が終わったあとの様子からも予測されます。グループの人たちと来年度の講座のことなどを話していたとき，それぞれみんないい笑顔でした。いままで認定講習を受けていて，こんな雰囲気は初めてでした（Cさん）」

4 長期に学校ケースメソッドを受講すると

　さまざまなケースを使って学校ケースメソッドを連続して実施したのは，この認定講習とこれまで共同研究を行ってきた兵庫県と奈良県の2つの小学校と，私が担当する教職大学院の授業以外にありませんが，そこでは，連続実施の効果が見られました。

　例えば，教職大学院後期の授業の1回目は，「授業の主役は誰だ（本書には掲載せず）」のケースを取り上げ，2回目で本書第3章－2に掲載している「成績も意欲もデフレ・スパイラル」のケースを使って，現職教員院生3名と学部卒院生2名の計5名を対象に実施しました。そのうち現職教員院生2名は，前期の授業（10名受講）でも学校ケースメソッドを4回受けており，彼らにとってはこれが6回目の学校ケースメソッドでした。

　本書巻末の「学校ケースメソッドQ＆A」のQ10に述べているように，このような少人数では，学校ケースメソッドを実施するものではありません。というのは，小集団が1つしかつくれず，全体討論での話し合いとほとんど差違が生まれないからです。そのことを第1回目のケースを実施したときに実感し反省しましたので，第2回目の「成績も意欲もデフレ・スパイラル」では，思いきって院生5名に事前に個別学習をしてきてもらいました。そして，本番の授業では，いきなり設問1から設問3までを話し合って板書してもらい，最後に進行役の私から補足するという進め方をしました。

　さて，次頁の2つの板書は，彼らが自分たち自身で話し合って，まとめ上げたものです。

　板書は，学校ケースメソッドの経験が2回目の現職教員院生が行いましたので，まだ矢印や記号などの使い方について慣れていませんが，設問1と設問2は，私が事前に用意していたティーチング・ノートの内容とほとんど変わりません。ただし，概念的理解という鍵となる考え方は出ていませんでした。そこで，設問3の話し合いの最後に「カテゴリー分け」が出てきたので，私から「実は概念的理解という点で設問1でも問題があり，設問3でその手だてを問おうと思っていたのですが，（前期授業でも受講した）A先生が指摘した『カテゴリー分け』がそれに当たります」と述べ，〈学習方法の工夫〉の右の「ノートの工夫／自分の言葉で説明／友達，兄弟」とその下の「ビジュアル的学び」を付け加えました。

　このように学校ケースメソッドに慣れてくると，進行役が全体討論をリードしなくても，参加者自らがほとんどの答えを導き出せるようになります。

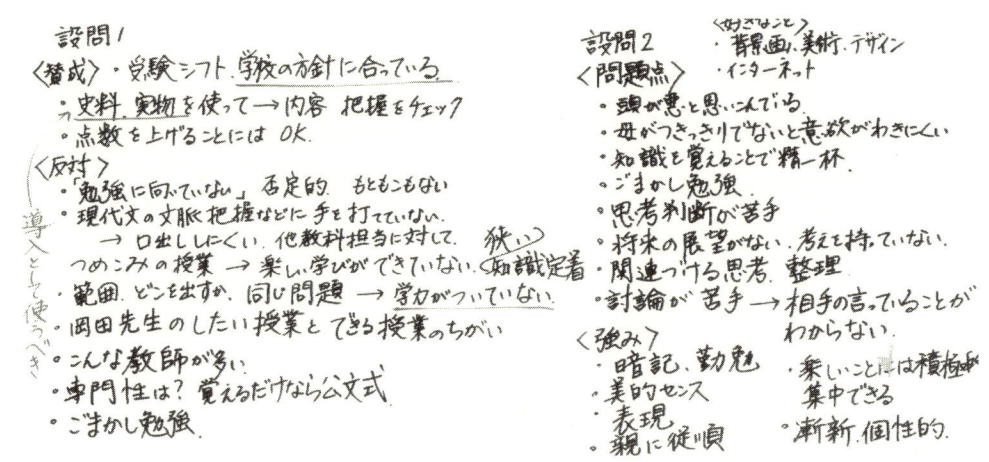

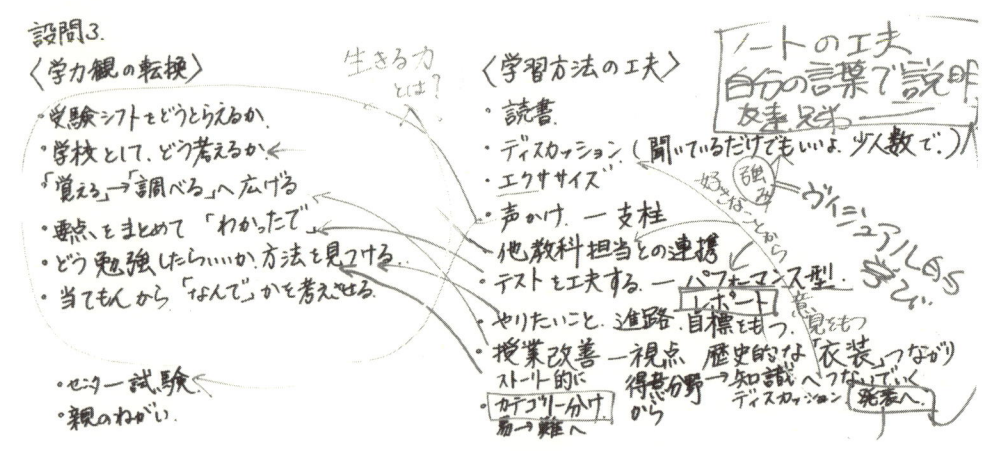

図　板　書　例

5 ● 学校ケースメソッドの効果

　西尾範博氏（流通科学大学）は，大学の授業「人間関係論」でケースメソッドを使っていますが，その参加者である学生たちの思考様式には次の2つがあると言います[5]。

　「安定・コントロール型の思考様式」の人は，世の中はおおよそ安定していて，ルール通りに動くものであり，予測可能であるととらえます。

　「学習・発見型の思考様式」の人は，世の中には明らかなこともあるが，わからないことや不確定なこともあり，変化や予想外の出来事もあるので，それをありのまま偏りなく受け入れ，どうするべきかということを慎重に検討する人です。

　そして，学校ケースメソッドで話し合いや討論を繰り返していくうちに，参加者のもの

の見方・考え方が、多少の個人差は見られるものの、下図のように、Aの「安定・コントロール型」からBの「学習・発見型」に移っていくということです。

表　安定・コントロール型と学習・発見型の特徴比較	
安定・コントロール型思考様式	学習・発見型思考様式
①変化に抵抗する 　⇒変化を混乱の原因とみなす	①変化に積極的に参加する 　⇒変化を自然なものとみなす
②思い込み、経験、正確、結論にこだわる 　⇒過去や期待にこだわる	②こだわりを捨てる 　⇒こだわりを捨てて現実に踏み込む
③外観に焦点を合わせる 　⇒他人の評価を中心におく	③本質に焦点を合わせる 　⇒自分の評価を中心におく
④コントロールするためにコミュニケーションをとる 　⇒お互いを理解し合いたいと思う	④信頼を築くためにコミュニケーションをとる 　⇒お互いを理解し合いたいと思う
⑤「二者択一的思考」を用いる 　⇒黒か白かという対立した考え方をとる	⑤「両面的志向」を用いる 　⇒自らの視点を主張するとともに他者の視点を尊重する
⑥チームワークを損なう 　⇒責任と権限を共有できない	⑥「チーム学習」を促進する 　⇒責任と権限を共有する

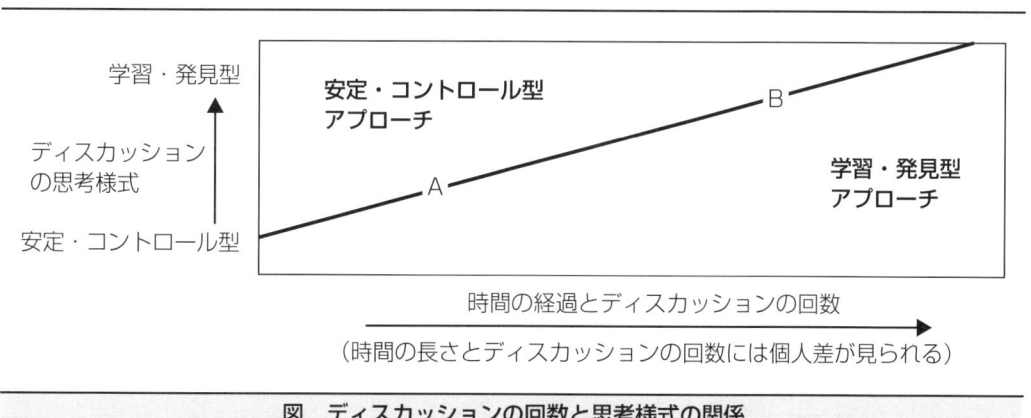

図　ディスカッションの回数と思考様式の関係

第1章-4

ケースの構成要素とタイプ

1 ● ケースの構成要素

　学校ケースメソッドで使うケースは，ストーリー性が優れていなければなりません。そのためには，次のような点を考慮することです。
　（a）関心が内面から沸き起こる。
　（b）新たなレベルへと導いてやりがいを感じる。
　（c）文脈に広がりがある。
　（d）深く分析すると，やってみようという気持ちになる。
　（e）創造的な問題解決の選択肢がある。
　（f）提示の仕方がはっきりしていて，指導目標に合った内容になっている。
　（g）指導目標にそった証拠も盛り込まれている。
　（h）複数の指導目標がある。

　ケースは，普通の学校の普通の教師が普通の子どもを相手に遭遇する，普遍的で重要な問題に焦点化して，それを叙述したものです。また，ケースの最後に次のような設問をして，全体討論の方向づけができるようにしています。
　ア）ここにおける問題は何ですか（何がわかりますか）
　イ）これらの問題はどこから生じるのですか（分析）
　ウ）もしも登場人物の立場ならば，何をしますか（行為）

　このように，学校ケースメソッドで使うケースは，ストーリーと設問から成り立っています。
　それは，基本的には，90分の研修会を想定して，Ａ４判２枚（Ａ３判１枚）に収まるものですが，ときには，「空気を読めない翔ちゃん」のケースのように，全体討論の途中で，その後の経過を「パート２」としてＡ４判１枚のストーリーのプリントを配布することもあります。

2 「これがケースメソッド」という唯一の方式はない

　ケースは，紙に書いたものだけではありません。第1章-1の6で紹介したように，J.M. マクナーギーは，ビデオをケースにしています。また，彼女は，映画館に行って『シンドラーのリスト』を高校生に見せたところ，彼らが面白くないと騒いだので，映画館の支配人から追い出されたという新聞記事をケース教材にした実践例も報告しています。これは新聞記事ですから，事件の顛末ができるだけ客観的に淡々と記されているにすぎません。

　さらに，第3章-2のケース「成績も意欲もデフレ・スパイラル」は，教育雑誌や学術図書に掲載されていた教育実践をヒントに作成したものです。もちろん，第2章-2からの学校ケースメソッドの実践例のように，教師自身の経験や見たり聞いたりした事柄をもとにしたケースもあります。そこでは，「このような問題に直面しているが，あなたならどうする」という意思決定を迫る場面で終わっています。フィールドに出て，インタビューしたり調査をしたりしてまとめたケースもあります。

　以上をまとめると，ケースは，次のようなタイプに分けることができます。どれが優れていて，どれが駄目だということはありません。

ケース教材のタイプ
意思決定を迫るケース　対　葛藤などを記述したケース
フィールドに基づくケース　対　そうではないケース
紙のケース　対　ビデオのケース

3 開かれたケースと閉ざされたケース

　経営学大学院では意思決定を迫って，答えが開かれたオープンエンドなケースが多いようです。他方，最近，医学部や工学部を中心に大学教育法として普及している"問題に基づく学習（Problem-Based Learning）"もケースメソッドの一種ですが，そのケースは，押さえるべき内容が明確であって，特定の答えに収斂していく閉ざされたケースです。

　では，学校ケースメソッドで使うケースはどうかと言いますと，第3章-6の「不公平だと言われて」で描かれた保護者対応の仕方のように，答えがオープンエンドのケースもあれば，第2章-3の「加奈ちゃんの算数力アップの秘策は？」のように，一部の答えを明確に示しうるケースもあります。

第1章●学校ケースメソッドの理論

第1章-5

全体討論を活発化させるポイント

1● 討論リーダーは"進行役"と呼ぶほうがよい

　学校ケースメソッドでは，参加者が腹蔵なく自分の意見を述べ，活発に討論することが不可欠です。とはいっても，わが国では，アメリカのような"議論の文化"が十分育っていません。その点を高木晴夫氏（慶応大学経営学大学院）は，次のように述べています[6]。

　「アメリカ型のケースメソッド教育では，発言者が他者に印象づけるような言葉を巧みに用いて，相手に一撃を与えようとする傾向が強いようだが，日本型のケースメソッド教育では，発言のアピール度を競うよりも，自由に思ったことを発言できる環境を用意したほうが，教育のポテンシャルが広がると筆者たちは考えている」

　私が担当している大学の授業や教員研修の講演などでもよくあることですが，少し時間が余ったので，みなさんの理解度や反応を確かめたくて，「質問はありませんか？」と尋ねても，ほとんど手があがりません。それで，簡単な補足の説明をして，終了時間が来たので終わったところ，トコトコと受講生が来て，個別に「この点がよくわからないのですが……」というようなことがよくあります。

　学校ケースメソッドでは，高木氏が指摘するような「自由に思ったことを発言できる環境」を設けなければなりませんが，私は，その1つの方策として，全体討論を運営していく講師役の人を"討論リーダー"と呼ぶより，むしろ「進行役」と控え目な名前で紹介することをお勧めしています。実際には，後述するように，この進行役は，ティーチング・ノートに基づく討論プランを念頭において，全体討論で出てくる意見や感想を交通整理し，ときには補足説明も加えて，全体の討論を導いていくのですが，「進行役」と呼ぶほうが参加者から自由に意見を出してもらえるような雰囲気が生まれるように思います。

2● 机と黒板またはボードの配置を工夫する

　教室における机の配置は，どのような授業を想定しているかということを暗黙のうちに規定しています。例えば講義式では，講師が教卓の後ろにいて，受講生は講師に正対して

いるという机の配置が普通です。また，固定式の机であれば，小集団による学習を展開することは困難です。とすれば，そのような教室は，学校ケースメソッドで全体討論の前に行う小集団学習には適していません。

全体討論の部屋でも，まず可動式の机であることが必須の条件です。そして，進行役を包むような馬蹄形に机を配置すると，全員が発言している人の表情や仕草のようなボディランゲージまで読み取り，それに応じて発言するということを保証できます。

なお，黒板やホワイトボードは，設問ごとに分けて書くことができるように，右図のように配置すればよいでしょう。

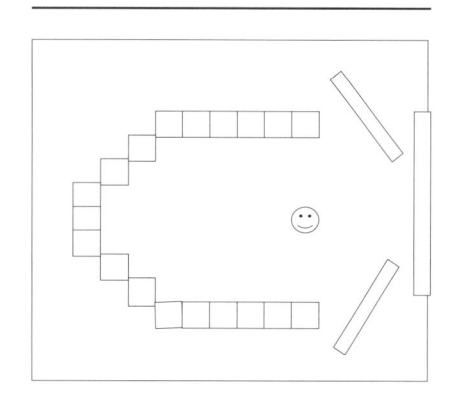

図　教室の机の配置

3　全体討論における進行役の留意点

進行役は，参加者から自由に意見や感想を引き出さなければなりません。そこでの進行役は，佐藤三郎氏によれば，次の点に留意すべきであると言います[7]。

(1) 教示しない

教師は，教えたい知識・技能を直接教えることを控えると，参加者は，自分の発言を受け入れられようと努力するようになります。そのとき，肯定や否定の判定を下さずに，観念的な理解かどうかということをチェックすべきです。

(2) 評価しない

① 相手の言おうとすることの全体の意味を聞く。

② 相手の気持ちに応えようとする。

③ 言葉を聞くだけでは不十分です。言葉以外の表現，"ためらい""声の調子""表情の変化""姿勢""手の動き""目の動き"等。

(3) 質問する

① 発言を事例のデータと関連づけます。

② 事例のデータを正確につかませます。

③ 事例のデータの中で，客観的事実・登場人物・評価・発言者の意見・評価を区別させます。

④ 事例のデータがもつ意味を考えさせます。

⑤ 事例の登場人物のおかれた状況に参加させます。

⑥ 発言者からの質問には逆質問で答えます。

⑦　発言の内容を確認・整理させます。
　⑧　発言の根拠を明らかにさせます。
　⑨　ほかの人に発言できる質問をします。
　⑩　討議の現段階を確認させます。
（4）　指示を与える
　①　討議内容を特に焦点化します。
　②　討議内容を整理して方向づけます。
　③　無用な混乱にきりをつけ，無用な無為を避けます（しかし訓練に必要なものは別です）。
　④　できるだけ討議を事例に戻し，観察・分析・省察のほうにさし向けます。
　⑤　多様な意見の触発を図ります。
　⑥　個々人の自由な発言を促し，激励します。
　⑦　事例法の意図の達成からみて不十分なところに討議を方向づけます。
　⑧　訓練上必要な挫折場面に導入します。
　⑨　しかし，全体として討議場面を強いて秩序づけるようなことはしません。

　このように学校ケースメソッドの進行役は，参加者の意見や感想や提案等をできるだけ取り上げて互いの異同を明らかにし，考えを練り上げていくようにしなければなりません。

　ただし，もう一度繰り返しますが，学校ケースメソッドでは，後述するティーチング・ノートの分析等に照らして，参加者間の議論の展開の中で「これは事実認識が間違っている」とか，「この視点だけは押さえておかなければならない」と思うときには，進行役は，全体討論を中断して，そこで必要な理論や概念・用語等を教えることを躊躇してはいけません。

　学校ケースメソッドは，ケースの登場人物のAとBの間に葛藤があることを読み取り，設問にそって両者の立場から検討を加え，参加者間の討論を通して人間関係の理解のみを深めるものであると限定的にとらえてはいけません。

第1章-6

ケースのつくり方

1 ● ケースを書くための3つの方法

これまで数多くのケースを書いてきましたが，次の3つのケースを書く方法があるように思います。

> ① **具体例触発型**：
> この例はケース教材になるのでは→もう少し調べよう→原理や目標はこれだ
> ② **原理・目標先行型**：
> この原理や目標を教えたい→関連して調べよう→このようなストーリーになる
> ③ **悩み共有解決型**：
> こんな悩みがある→関連したストーリーがある→原理や目標がはっきりしてきた

①は，具体的な実践に遭遇し，そこから「これはケース教材になるのではないか」と思って，教育的に意義深いキーワードに収斂するように内容を修正したり，膨らませたりするというものです。例えば，第3章-5の「空気を読めない翔ちゃん」は，最近教室で見聞きした子どもにまつわるエピソードを集めたり，私が以前別の学校の教室に1学期間通い続けたときの記憶に残る子どもをイメージしたりして，教育的なキーワードに絡ませたものです。

これは，3つのうちで最もやさしい方法です。次頁の図に示すように，ストーリーを思い浮かべたときには，ある程度の原理や目標の見当がついています。それをさらに調べ直して，原理や目標を明確化し，設問を考え，ケースを使って研修を行い，ケースを修正するような進め方になります。

②は，教えたい原理が念頭にあって，そこから関連した教育実践を探し出し，原理を見いだすために必要なキーワードを確認するものです。キーワードの一部が欠けている場合には，教育実践の部分的な削除や書き加えをしてケース教材をつくるものです。例えば，第3章-3に掲載している「何のための授業研究か」というケースは，大学の国語学者や

小学校から高校までの国語教師が集う公開研究授業をベースにして，学問中心カリキュラムの特徴に合うように脚色しました。

　実際には，この研究会は，学問性が高いだけでなく子どもの興味・関心にも注意を払っていますが，学問性中心カリキュラムの特徴である基本的な概念と探究方法を盛り込むという点で好都合なので，手を加えています。このように特定の概念や原理を間接的に教えるためにケースづくりをする方法もあります。

```
①具体例触発型          ②原理・目標先行型        ③悩み共有解決型
ストーリーから始める    原理や目標から始める      悩みをストーリー化する
      ↓                      ↓                        ↓
   調べ直す                調べる ←──────── ストーリーの共有化と助言
      ↓                      ↓                        ↓
原理や目標を明確化      ストーリーを書く          原理や目標を明確化
                             ↓
                        設問を考える
                             ↓
                         ケースで教える
                             ↓
                         ケースを修正する
```

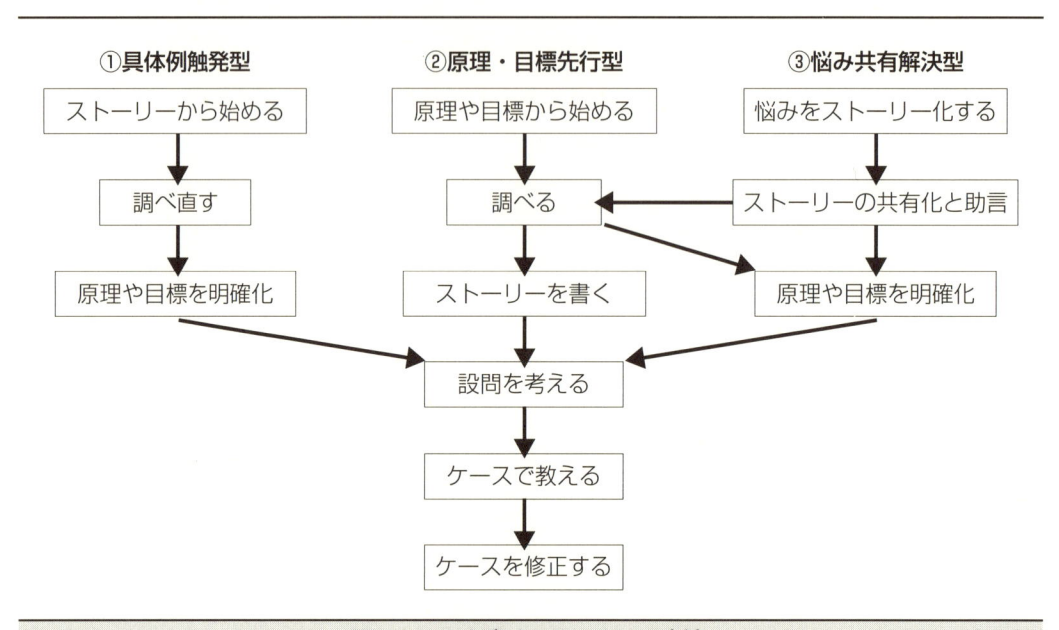

図　ケースを書くための3つの方法

　③は，教師自らが悩んでいる実践や見聞きした実践を思い起こして，そこからケース教材をつくるというものです。第3章-6の「不公平だと言われて」は，そのようにして生まれたケース教材です。もとになったのは，小学校の先生が見聞きした保護者対応のお話です。

　ただし，「不公平だと言われて」のケースの素材を提供した先生にとっては，当初は解決の糸口さえ見えず，何が問題でいかに解決するのかということを調べたり，他者から指導助言を受けたりしてはじめて，ようやく原理や目標が浮かび上がってきました。そして，そこから設問を考えるという側面があるので，教師単独によるティーチング・ノートづくりはむずかしいように思います。

2 ● ケースを書くのは意外にむずかしい

　一般に，学校の先生方の実践を思い起こして作成したケース教材，つまり，第3のアプローチが最も望ましいと言われています。そこには，先生自身の悩みや思いが切々と込められているからです。

　そのように考えて，これまで学校の先生方に数多くのケース教材をつくっていただきました。しかし，なかなか読者に訴えかけるような表現になりません。例えば，次のようなケース教材があります。その一部だけを抜粋しておきます。

> 　坂田先生は採用4年目の教師で，仕事に対してやる気いっぱいである。特に社会科については，自分自身が好きな教科ということもあり，毎授業において熱心に教材研究をしている。今年度3年生を担任し，地域にある教材を子どもたちと一緒に学習していこうと意欲満々で4月をスタートした。(略)
> 　最初，子どもたちに校区の様子を思い出させるために，子どもたちが2年生のときに生活科で学んだ「校区探検」の写真をいくつか掲示した。子どもたちは，当時のことを思い出して，校区にある店のことやそのときに会った人との思い出を話し合うことができた。
> 　次に学校の屋上から東西南北の校区の様子を見て，それをもとに校区の大きな特色（東西に走る大きな道路がある，北側に○○電車の線路があるなど）について話し合った。　　　　以下省略

　さて，どこが問題かおわかりでしょうか。最大の問題は，教師のやったこと，受け取ったことが時系列で淡々と報告書風に述べられていて，ドラマ的な盛り上がりに欠けているということです。子どもたちが心の底から訴えるような声が描かれていません。

　ここでは，教師の強い願いとそれを実現するための手だてを描き，他方，それにそわない1人か2人の子どもを選んで，どうして教師の思いとズレていくのかを叙述する必要があります。「教師対子ども」という形で描くと，葛藤場面もいっそう鮮明になります。

　そのためには，会話体をもっと多く使ったほうがよいでしょう。会話は，感情的な思いを読み取れて，そこからいろいろな人間関係を推察できます。そこで読み手の教育実践も混入されて，小集団や全体での討論の中で他人事ではなくなっていく可能性もあります。ケースの結末は，「みんなで坂田先生によきアドバイスをしてほしい」という表現で終わっているので，これも第3章－5の「空気を読めない翔ちゃん」のように，ケースの冒頭で「この子さえいなければ？」と結論から問題に立ち戻るのもよいでしょう。そのような工夫が必要です。

3 ケース教材づくりのテンプレート

よいケース教材の条件について，ヘライド（Herreid, C. F.）は，次の11点をあげています[8]。

① ストーリーを語っています。
② 興味・関心を呼び起こすような争点があって，それに焦点を合わせています。
③ 過去5年間に設定されたものです。
④ 中心人物との共感を生み出します。
⑤ 文章や手紙からの引用も使っています。
⑥ 読み手にとって意義深さがあります。
⑦ 教育学的に有用です。
⑧ 葛藤場面があります。
⑨ 読み手に決定を迫っています。
⑩ ケースの内容に一般性があります。
⑪ 文章量が短くなっています。

前節では，すでに①②④⑥⑧⑨について例をあげて説明しました。⑪については，教員研修が一般に90分から120分であるので，学校ケースメソッドで使うケースは，Ａ4判2枚から4枚を基本にしています。

ところで，この中で最もむずかしいのは，⑦と⑩ではないでしょうか。時間をかけて学校ケースメソッドをやっても，感受性訓練だけでは学校の先生の支持を得ることはむずかしいでしょう。その反省から私がやってきた方法は，次頁のようなテンプレートで上から順に記述していくことでした。これは，第3章－2の「成績も意欲もデフレ・スパイラル」の高校版で，実際にケース教材で使わなかったものは線を引いて示しています。

ここでのポイントは，【印象的な場面や事実】を3つ書き出し，それを組み合わせていくことによって，多様な展開を生み出しうるようにしていることです。お話を書くとき，誰しも経験することですが，書き出しがなかなか決まりません。しかし，この3つの【印象的な場面や事実】を思い浮かぶままに書き出す方法を使えば，ストーリー展開に意外性をもたせたり，結論からどうしてこうなったのかと推理させたり，徐々に盛り上げていって，最後の山場をドラマチックにしたりと，自在な組み合わせを生み出すことができます。そして，最後に設問を書き出し，「特記事項」に注意点等を記しています。

なお，いちばん上に掲載した表は，後述するように，学業不振の子どもの分析と対策を考える際に限定して使用しているものであって，それ以外のケースでは，このような表は使っていません。

6 ケースのつくり方

ケース教材づくりのテンプレート

【改善すべき点】サンドラを例に	【強み】	【好きなこと】
・概念的理解ができない（「わかるために」自分は何ができるのか「わからない」） ・比喩力や類推が弱い ・学ぶ意欲の欠落，アホだと思う ・創意工夫のなさ ・~~何事もスローテンポである~~	・記憶力はよい ・真面目 ・友達から信頼されている ・~~落ち着いていて，しっかりしている~~	・コンピュータ ・デザイン ・インターネット ・友達との話

【①印象的な場面や事実】
　小学校はよくできた。計算は，塾に行き抜群。母親がつきっきりで勉強をみていた。漢字と計算はいつも９０点以上。算数は好きな科目。
　中学校は普通の子ども。英語も数学も国語も教科書ガイド頼り。単語はカタカナを教科書に書き込み，漢字は何回も繰り返して覚え，意味は辞典で調べもしない。そして，問題解法事例で模範解答を写す。社会は，遮蔽板（色シート）で空所補充問題集として暗記。理科は，必要暗記項目を一問一答式で覚える。小論文や討論は苦手。
　現在の高校３年生１学期は，落ちこぼれ。中学の勉強を引き継いできたからだろうか。

【②印象的な場面や事実】
　母親と娘と担任（日本史担当）の三者面談。全国模擬個人成績表を前にして。国立大は無理，私立大志向に・・・しかし，有名校は断念。基礎はできているが，応用問題はできない。いまは文化祭の劇の裏方役（背景の絵や出演者の服装のデザインを描く）に熱心。
　現代文・基礎知識はあるが，文脈把握ができない。英語の発音・強勢はよいが，読解力が弱い。今回は，空所穴埋めが多かった日本史は無難にできるが，日中や日韓関係は，両国に目をやらねばならないからか，因果関係を問う問題ができない。~~得点，偏差値，平均点，順位／受験者数~~

【③印象的な場面】
　男性教師の想い。真面目なのにどうしてできないのか。言われたことは忠実にするが，それ以上はしない。意欲に欠け，自信をもっていない。~~自分の得意なことを聞かれても，「特にない」という答が返ってきた。~~自分はこの生徒に何をやってきたのか。点数だけで生徒を見てこなかったか。自分の授業は，テストで引っ張ってきたにすぎないのではないか。毎回，教科書を使わずに，プリントを自作し，空所穴埋め問題をさせて，定期考査ではどこから出題するかと告知して，それでも不十分な成績の生徒には，同じテストで再挑戦をさせて，学習の定着の確認をして，シラバスにもその旨を明示していたが，面白い授業であったか。

【意思決定の場面】（なし）

【場面の配置：文脈づくり（リード文を含む）】
　②から①へ，そして，③の教師の想い，反省を述べる。

【タイトル】
　~~どうして分からないのかわからない~~ 成績も意欲もデフレ・スパイラル

【設　問】
1. 岡田先生の授業の進め方について，あなたはどのように考えますか。賛否を含めて箇条書きで述べなさい。
2. 由紀の問題点，強み，好きなことを箇条書きで述べなさい。
3. もしもあなたが岡田先生の立場ならば，由紀のような子どもに対して，どのように指導しますか。具体的に説明しなさい。

特記事項	高校の学習歴を除き，関連文言を手直しすれば，中学３年のケース教材にも転用可能である。

第1章-7

ティーチング・ノートとは何か

1 ● ジャズでもメロディラインが必要なように

「どのケースでも，ケースをいかに最もうまく使うことができるのかということに関するケースライターの見解と経験を示したティーチング・ノートがなければ，完璧ではありません」[9]

これは，経営学大学院のケースメソッドに関して述べられた言葉ですが，学校ケースメソッドでもティーチング・ノートがなければうまく進めることができません。ただし，学校ケースメソッドを実践しているヘライドの次の言葉にも耳を傾けるべきでしょう。

「ジャズミュージシャンと学校ケースメソッドの進行役は似ている。ジャズは1回限りだから，それを書き出したり，記録したりしてはならないという人もいるが，ジャズミュージシャンでさえ，主旋律のメロディラインは必要である。学校ケースメソッドでも同じであって，進むべき道を指し示すケースのティーチング・ノートが必要である」[10]

ケースには，主人公が直面する意思決定の場面や悩みを抱いた様子が描かれています。しかし，これらの葛藤を通して参加者に何かを学んでもらわなければなりません。ただケースを読んで討論をして"大変だなあ"ということで終わったのでは，多大な時間とエネルギーの無駄です。その何かに，いかに気づいてもらうのかという方法論について論じたのがティーチング・ノートです。

学校ケースメソッドの参加者なら誰でも，ケースを通してその著者が意図したものが何かということを知りたいでしょう。たしかに，学校ケースメソッドはジャズのようなものですから，進行役のアドリブによる即興的な要素はありますが，だからこそ全体討論の進行役として陥りやすい間違いや押さえるべきポイントを記したノートが必須です。

私たちのケース教材は，最低3回は教員研修の場で試行して修正加筆を行ったあと，公開しています。と同時に，これらのケースの修正過程の中でティーチング・ノートも手直ししてきました。このようにティーチング・ノートは，ケースの修正加筆とともに成長発展していくのです。

2 ものごとを重層的に理解する必要性

　学校ケースメソッドの方法を使って教えようとする結論は，たいてい2～3行程度でまとめることができます。しかし，この結論を参加者に繰り返し提示して，暗記させたとしても，参加者にとって生きて働く力にはならないでしょう。

　ティーチング・ノートには，進行役が結論を間接的に教えて，多角的に検討し，重層的に深く理解するための方法論が示されています。参加者一人一人がケースを読み，小集団や全体で討論をしながら，みんなで力を合わせて何かを創造したとか，自らの固定観念が打ち破られ，啓発されたという感覚を抱いて終わることが最も大切です。そこにいたるまでに参加者が各自の経験を交流し，知恵を出し合って，多面的多角的に検討し，さまざまな方策を講じた結末までを推論し，洞察力を働かせて，深く理解しなければなりません。

　ケースが取り上げている内容や，その根底にある原理に必ずしも詳しくない人であっても，何とか全体討論の進行役を務めるための押さえるべき点を記したものがティーチング・ノートです。

3 ティーチング・ノートの構成

　90分の研修を基本とする学校ケースメソッドのティーチング・ノートは，次のような項目から成り立っています。全体の分量としては，Ａ４判で15頁以内になります。

（1）　ケースの要約

　最初にこのケースはどのような内容であるのかということをわかっていただくために，導入から展開，そして，直面する問題を圧縮して紹介しています。

（2）　研修対象

　小学校や中学校などの校種だけでなく，教科や指導形態，生徒指導や保護者対応，特別支援教育などのように，どの領域に関するケースであるのかということ，またこのケースと他のケースとのつながり等についても述べています。

（3）　ケースの目標と準備物

　ケースは，Ａ４判２枚とは限りません。追加資料としてＡ４判１枚を全体討論の途中で配布する必要があるかもしれません。グループワークのための小道具も用意しなければならないかもしれません。それらの準備物を述べたあと，このケースを通して学んでほしい目標を列挙しています。

（4） ケースの設問とキーワード

初めに，ケースを読んで考えてほしい設問を3～5つ程度書いています。多くの場合は，設問も含めてA4判の2枚目に収まるようにしていますが，ときにはA3判裏表に書いてもらうこともあります。

それからケースを読み，話し合う中で出てくると予想されるようなキーワードを，枠の中にあげています。キーワードは板書する際にも役立ちます。

なお，学校ケースメソッドに参加者も進行役も慣れてくれば，高度な方法ですが，設問をケースの用紙に書き出さないで，個人学習から全体討論を通じて参加者に考えさせながら展開してもよいでしょう。

（5） 分　　析

ケースを書いた人ならば，第1章－6の**1**の「ケースを書くための3つの方法」のいずれの方法でも「原理や目標の明確化」がなされているので，すでに分析をすませています。その意味では，ティーチング・ノートの「分析」をすませているということです。

しかし，他者が書いたケースを進行役の人が初めて使う場合には，この「分析」の箇所を熟読しなければ，全体討論で参加者から意外な質問が投げかけられたり，予想外の争点が生まれたりした場合に適切な対応ができません。したがって，ここには多めのスペースを割いたほうがよいでしょう。

①ケースの背景

学校ケースメソッドの進行役の人は，すでに述べたように，文字どおりの進行役ではありません。参加者には進行役と思ってもらいながら，参加者の発言を尊重し，交通整理しながら，ケースライターの意図とも関連づけていく仕事をしています。そのためには，このケースを取り上げるにあたっての背景情報が必要です。

②中心となる用語や概念

鍵となる用語や概念がわからなければ，ケースの内容を正確に理解できないことがあります。そのような用語や概念を，図や表なども使いながら解説しています。

③おもな質問や争点

全体討論において，参加者からケースの内容にかかわって質問があったりするでしょう。また，ケースの読み込みを進める中で争点になりそうな事柄が浮かび上がってくるでしょう。進行役は，それらを列挙して，どのように対応するのかということを述べています。

（6） 指導方法

学校ケースメソッドの指導方法は，基本的には個人学習から小集団で話し合って全体討

論へと進みます。その際は設問の若い順番に進めていきますので，それほどむずかしくはありません。ケースを世に出すまでには，少なくとも3回は試行しているはずですので，そこで得た設問に関する回答例を下の②に記すと，案外簡単にこの箇所は書くことができます。

①**基本的な進め方**

学校ケースメソッドは，事前の個人学習から始まり，研修日では，小集団の話し合いのあと，全体討論で考えを練り合います。その際に，進行役の人が留意すべき点，事前に下準備をすべき事柄等を述べています。

②**各設問とその回答例**

ケースにかかわる3～5の設問とそれに対する回答を，これまでのケースでの試行実践を通して得た経験に基づいて例示しています。ここで板書例を示すこともあります。

③**討論のまとめ**

答えがオープンエンドのケースでは，多様な考えを整理し，概念となるデータの有無にも言及して，参加者各自に考えてもらう形で終わります。しかし，答えにかかわって一定程度の内容を押さえておく必要がある場合には，その点にふれながら，どのように終わるのかということを提案しています。

（7） **参考文献**

学校ケースメソッドの進行役の人が，前述の「分析」だけでは内容が十分わからない，あるいはもっと深めたいという場合，参考となりそうな文献（インターネットを含む）をあげています。なお，参加者に時間的な余裕があれば，ケース配布時に参考文献を紹介して，調べることを奨励してもよいでしょう。

4 ティーチング・ノートから討論プランへ

実は，学校ケースメソッドの進行役の人は，第2章-2の**3**に述べるように，ティーチング・ノートを読み込んで，そこから討論プランを作成します。この討論プランは，学習指導案のようなものですから，違和感もないでしょう。

しかも，小学校や中学校の国語科や社会科では，学校ケースメソッドと同じように，討論が取り入れられています。討論のテーマは，教師がテーマを設定することが多いように思いますが，子どもたちの学習過程の中で対立が生まれたとしても，対立にいたるまでは偶然というよりむしろ教師が資料を与えたり，場面を設定したりしているのが一般的です。

ところで，学習指導案は「案」であって，実際の授業では，子どもの反応によって，柔軟に展開するべきものです。したがって教師は，たとえ研究授業等で詳細な教材研究を

行って学習指導案を用意したとしても，いったん教室に入れば，指導案の内容は忘れて白紙に立ち戻り，子どもとの受け答えを考慮しながら授業を進めなければなりません。これらの点において，学習指導案と学校ケースメソッドの討論プランは似ています。

他方，学校ケースメソッドの討論プランと教科指導において討論を行うための学習指導案との違いは，ひとことで言えば，前者が大学の教育実習着手以降の大人が相手であり，後者が高校生までの子どもが相手であるということです。

本章－2の❸や❹で述べたように，学校ケースメソッドが対象とする大人は，いまここで悩んでいる経験から問題意識をはぐくみ，たとえケースによる場面設定があったとしても，その場面を自分の経験と重ね合わせて，自己主導的に学ぼうとする傾向があります。

そのために，各教科ではなく学際的な学び方が求められます。しかも，大人は，年長になればなるほど，子どもより個人差が大きくなるので，それぞれの経験や学習スタイルなども考慮しなければなりません。学校では，チームで活動することも多いので，自分を見失わずに，他者と協働できる様式を学ばなければなりません。そのような大人の学びを保証するのが，学校ケースメソッドです。

第1章-8

研修の評価と受講者評価

1 研修全体の評価

　学校ケースメソッドの研修では，事前にケースのプリントを配布し，設問に対する自分なりの答えを書いてもらっているので，研修当日，早めにケースのプリントを回収し，コピーしておくと，進行役の人は，参加者全体の意見や考えの傾向性を把握することができます。また，いつもではありませんが，研修の冒頭でプリントを配り，小集団と全体討論で出された意見と研修に対する感想を，その都度記してもらっています。括弧は他の参加者から出された意見や感想の中で，特に「そうだ！」と納得したものを記したものです。

図　研修の評価用プリント

簡単な研修全体の評価は，いちばん下の感想欄を見ることによってわかります。参加者全員の感想を一覧することによって，このケースを使った研修がどの程度，参加者にとって有益であったのかということがわかります。もちろん全体討論を通して，ティーチング・ノートでも予想していなかった意外な質問や争点が出されると，ケースを修正するか，またはティーチング・ノートを修正加筆します[11]。

2 受講生の学びの評価

2007年1月にヴァージニア大学経営大学院を訪問して，コンロイ（Conroy, R. M.）教授にインタビューしたとき，担当する財政学の授業の受講者約40名の一人一人のプロフィールを写真付きで記した情報カードを見せてもらいました。そして，授業後，学生たちの発言の中で特徴的な反応を思い起こして，座席表にメモしておくという話でした。その際に博士課程の院生のティーチング・アシスタントを使っているということでした。

残念ながら，私の在籍する教職大学院はそのような助手を使えるような教育環境ではありませんが，少なくとも座席表を用意しておいて，受講者の特徴的な発言を短い言葉でメモしておくことは有効で，私も実践しています。

その際に，1回の授業で発言を座席表にメモしておくのを5～6名程度にとどめています。そうすると，学校ケースメソッドをおよそ7回の授業で実施するとして，少なくとも20名くらいの受講生の全体討論への貢献度を評価することになるでしょう。

また，前頁のようなプリントとケースのプリントをその都度コピーしておくと，一人一人の受講生の学びの変遷をたどることができ，興味や関心のあり方も推測できるようになります。

例えば，前頁のプリントを書いた受講生は，シートにおける設問に対する答えはあまり記していませんでした。しかし，小集団や全体討論にかなり積極的に取り組み，記述内容も充実しています。最後の感想も「枠にはめようとすると出る子どもは昔からいました。でも，大きくなると不思議に普通の子になるケースが多い」と自らの教職経験を振り返っています。最初は枠外右に記しているように，翔ちゃんのような子どもは，「阻害されても平気」と思っていたけれども，小集団や全体討論での話し合いを通して具体的な支援策に気づかされ，感想でも「教師は見限らず支援していくことが大切です」と結んでいます。ここに教師の学びを見いだすことができます。

【参考文献】

(1) ケースメソッド研究会『創造するマネージャー』白桃書房，1977年，6頁
(2) Ibid. p.35
(3) Clawson, J. G. S. and Haskins, M. E., *Teaching Management*, Cambridge University Press, 2006, p.27
(4) 吉本均「授業における学習形態の組織」佐藤三郎編著『教育方法』有信堂高文社，1982年，147-155頁
(5) 西尾範博「効果的なケースディスカッションにおける思考様式」『流通科学大学論集』第17巻第3号，2005年，172頁
(6) 高木晴夫・竹内伸一『実践！ 日本型ケースメソッド教育』ダイヤモンド社，2006年，62頁
(7) 佐藤三郎 編著『人間関係の教授法』明治図書，1969年，119-128頁
(8) Herreid, C. F.（Ed.）*Start with A Story*, National Science Teachers Association, 2007, pp.46-47
(9) Clawson J. G. S. and Haskins, M. E.（ed）, op. cit. 2006, p.172
(10) Herreid, C. F. op.cit. pp.387-388
(11) 教育おけるケースメソッドは，わが国ではほとんど行われていませんが，養護教諭の健康相談活動のケースを使ってその有効性を検証しようとした研究はなされています。
参照：竹鼻ゆかり・岡田加奈子・鎌塚優子「養護教諭の問題解決に必要な視点と情報の明確化」『日本健康相談活動学会誌』第2巻第1号，2007年

第2章

学校ケースメソッドの進め方

第2章-1

基本的な手順を押さえた研修会を

1 「知っている」だけでなく「できる」ためには

　第1章において，学校ケースメソッドに関する基礎知識はおわかりになったかと思います。そして，第2章を読み終えたあと，手順のポイントを思い浮かべながら，第3章に掲載したケースとティーチング・ノートを使って，研修会を行うことをお勧めします。

　学校ケースメソッドの初心者が進行役として全体討論に臨んだ場合，必ずしも参加者からよい討論を引き出すことができるとは限りません。第1章でも，ケースの書き方やティーチング・ノートについてふれていますが，初心者の場合には，何度か学校ケースメソッドを実践してみて，ケースはこのように書くという感覚がわかったあと，ケースを書いてください。そして，同じケースで3回は実践したあと，ティーチング・ノートを完成してください。

2 学校ケースメソッドで2度ビックリする

　学校ケースメソッドが成功するか否かは，全体討論の質がどこまで高められたかということによって決まります。

　参加者が個別学習をして自分なりに納得しても，小集団による話し合いで異なる意見に遭遇したり，自分でも自信がなかった事柄に対して勇気づけられるような根拠づけをしてもらったりします。そして，小集団の話し合いのあとに全体討論に臨んで，さらに他の参加者から意外な発言や提案があったりして，2度ビックリするような展開になります。

　進行役は，全体討論において特定の方向に導くような素振りは決して見せてはいけません。参加者の発言を可能なかぎり取り上げて，ケースで登場人物が悩んでいる問題の全体像を描き出し，参加者の経験も交えながら，いかに解決するのかということをみんなで探究するように方向づけていきます。

　本節において，そのための基本的な進め方を，(1)学校ケースメソッドの研修会までに行っておくべきこと，(2)研修会当日に行っておくべきこと，(3)研修会の場面で円滑に進

めていくべきこと，に分けてそれぞれの留意事項を説明しましょう。

3 ●基本的な進め方：研修前日まで

　学校ケースメソッドの研修日の前日までの進め方の概要をまとめておくと，次のようになります。なお，留意事項については，□にチェックできるようにしています。

　進行役は，いろいろ細かな下準備をしなければなりませんが，参加者は，ケースを読んで設問に答える必要があります。

進　行　役	参　加　者
①研修の目的や人数・場所等を確認する □参加者のレディネスや興味関心を確認する。 □参加者の人数と場所（可動式机，黒板かホワイトボード，チョーク，マーカーなど）を確認する。 □実施可能な人数は，5名から90名程度まで，最適な人数は，30名から40名である。 ②ケースとティーチング・ノートを読む □少なくともティーチング・ノートに記された「研修対象」「ケースの目標と準備物」「ケースの設問とキーワード」は十分に確認し，ケースを選ぶ際の参考にする。 ③参加者のニーズに合ったケースを選ぶ □画像ファイルを貼ったケースをメールで送付する際，ファイルが重い場合，送付先ではじいて，受け取れないことがある。	Ⅰ．力量や興味関心を明確にする □これまでどのような研修を行ってきたのかを振り返る。 □教員としてつけたい力量は何かということ，研修でその力量形成についてどんな点が疑問かということを明らかにする。 □研修を受けようとする教員がどのような興味・関心があるのかということを明らかにする。
④ケースや資料のコピーを依頼またはコピーして配る □ケースがA3判1枚に収まるようにする。表に収まらない場合には，裏も使う。 □全体討論でケースを読み進めたあと，パート2を使う場合には，コピーだけ依頼するか，進行役自身でコピーしておく。配布する時期は，全体討論の中で進行役の指示に従って配る。 □資料についても，全体討論の途中に配布する場合には，コピーだけ依頼するか，進行役自身でコピーしておき，全体討論の中で進行役の指示に従って配ってもらう。 □新聞・テレビなどでこのテーマに関連した事柄があれば，メモをしたり，調べたりしておく。	【個人学習】 Ⅱ．ケースや資料を受け取る Ⅲ．ケースや資料を読む □ケースを読んで，わからない用語等があれば，調べる。 □ケースのテーマに関連した文献を（インターネットを含めて）入手して，内容理解と設問への答えを書く手がかりとする。 □設問に対する答えを書く。 □ケースの設問への回答については，他人と相談しない。

第2章●学校ケースメソッドの進め方

⑤ティーチング・ノートを熟読して討論プランを練る	□時間がなくても，最低限，自分なりの回答だけは書いておく。
□本ケースに精通している場合には，キーワード，おもな質問と争点，各設問の回答例だけは十分に確認して，討論プラン（第2章−2参照）のシートに関係事項を記入する。 □本ケースに精通していない場合には，ティーチング・ノートのすべてをじっくり読む。それから，討論プランのシートに関連事項を記入する。 □事前にカードを用意して板書の際に貼ることはしない。 □（必要なら）研修後に感想を尋ねる用紙を用意する。	

4 基本的な進め方：研修当日の開始時刻まで

　研修当日の研修会開始時刻までの進め方について，その概要（□は留意事項）をまとめておきます。

　ここでも進行役は，下準備が必要ですが，参加者は何もすることはありません。なお，一般的なケースメソッドでは行われていませんが，学校ケースメソッドでは，①に示すように，事前にケースを集めて，参加者の回答を知っておくようにします。これによって，進行役は，参加者の事前調査を交えてティーチング・ノートから，おおよその展開を予想することができます。

【研修当日：研修会開始まで】

進　行　役
①ケース（にある設問）を集める
□設問に対する答えを書いてこなかった参加者には，研修会までに設問の答えを感想程度の一行でもよいから書くように求め，1部コピーして，研修会に持ってくるように指示する。
②その用紙を1部コピーして手元に置き，原版は返却する
③ケースの設問に対する回答を読む
④全体討論で途中から使う資料やケースのパート2があり，まだコピーをしていなければ，参加者人数分をコピーする
□④の場合には，進行役の指示に従って，いつどのように配布するのかを確認する。
⑤ティーチング・ノートの回答例やおもな質問と争点に目を通して討論プランを修正する
□上記③の設問に対する回答を中心に事前に用意した討論プランと照合し，必要ならば修正をする。 　□小集団や全体の討論となる場所を確認し，マーカーやチョークも揃えておく。 　□急な出張や子どもの問題で参加者が研修会を欠席したときには，小集団の編成をし直してもよい。 　□連続講座の研修をする場合には，参加者にネームプレートなどを配布して記入してもらう。

5 基本的な進め方：学校ケースメソッド研修会

さて，本番の学校ケースメソッドでは，参加者から自由に意見や感想を言ってもらい，進行役は，それをできるだけ受けとめ，板書で整理しながら，集団で問題を探究していきます。その進め方の概要（□は留意事項）をまとめておきます。

	進 行 役	参 加 者
研修全体についての説明	①研修会全体の進め方を次のように説明する 　　　小集団の話し合い（20分から30分） 　　　　　↓ 　　　全体討論（1時間程度） 　　　　　↓ 　　　（必要ならば）研修に対する感想を書く □学校ケースメソッドに慣れている場合は，20分程度の話し合いとし，全体討論に多くの時間を割くほうがよい。 □小集団の話し合いと全体討論の時間を明示する。 ②小集団のグルーピングと割り当てた部屋または教室を発表する □小集団では，司会者を設けて話し合うように指示する。 □小集団での討論の目的は，特定の結論を導くことではなく，多様な見方・考え方にふれて，自分の考えを修正したり，補強したりすることである，という趣旨を徹底する。 □小集団の討論で納得したり，自分の考えに組み込んだりした事柄については，括弧を付けて，設問の回答欄の空白に記すように指示する。	Ⅰ．ケース教材（あれば配付資料も）を持参する Ⅱ．自分の所属する小集団の司会者を決める

【小集団における話し合い】
進行役は，ケースの設問に対する参加者の答えを読み，全体討論の展開を予想する。

進 行 役
①取り上げたケースについての概要を話す 　□参加者が全員集合したか，各自でケースや資料等を持参したかを確認する。 　□できるだけ討論プランに頼らないで，参加者の顔を見て，参加者中心に討論を進める。 　□身近な出来事で関連した事柄があれば，紹介する。 　□各設問に充てるおおよその時間を述べる。 　□ケースの設問に対する答えは，前後の文脈の解釈次第で多様になりうることを指摘し，進行

役は，参加者の発言を偏りなく板書に記録すると述べる。
□設問によっては，小集団で単元プランづくりをするものもあるが，これは例外である。

②【設問1】に関する参加者の答えを尋ねる
□事実を問う設問の答えでは，ケースの何頁の何行目と確認しながら，読み取りを徹底する。
□参加者の発言は，事実関係の間違い以外はできるだけ受け入れるようにし，その発言内容を単語や句に圧縮して板書する。
□途中で用意した資料を配付する予定であれば，そのタイミングをはかって適宜配布する。
□問題の解決策を問う設問について，参加者からの突拍子もない発言であっても，否定してはならない。黒板またはホワイトボードの隅でよいから，メモしておく。
□参加者の実践に関連づけた発言は積極的に受けとめ，ケースの文脈との異同を明らかにする。
□事実と意見・思いについては，色チョークやマーカーで区別する。
□参加者の発言に近いティーチング・ノートに記したキーワードがあれば，関連づけて板書する。
□ぜひ押さえたいキーワードが出なければ，それに近い参加者の発言と関連づけて補足する。
□板書内容で相互に関連したり，対立したりする場合には，矢印や図示等でわかりやすいようにする。
□この設問でどれだけの時間を要したか，残りの研修時間はどれくらいあるか，チェックする。

③【設問2】に関する参加者の答えを尋ねる
【設問1】の留意事項以外に次のような点に気をつけたい。
□【設問2】に関する参加者の発言の中で，【設問1】での板書と関連していたり，対立していたりすれば，矢印や図示等でわかりやすいようにする。

④【設問3】に関する参加者の答えを尋ねる
【設問1】の留意事項以外に次のような点に気をつけたい。
□【設問3】に関する参加者の発言の中で，【設問1】や【設問2】での板書と関連していたり，対立していたりすれば，矢印や図示等でわかりやすいように示す。

⑤討論のまとめ
□問題解決には複雑な要因が絡んでいることを理解するだけでよい場合もあるので，必ずしも1つの答えに収斂させる必要はない。
□参加者が全体討論を通して何が明らかになり，何が課題となったのかということがわかるようにするために，板書内容との関連づけをする。

⑥(必要ならば) 今回の研修に関する感想を書いてもらう
□事前にコピーして入手した設問への答えと全体討論の発言とを比べて，変容をつかむこともできるので，必ずしも感想を書いてもらわなくてもよい。
□感想を書いてもらうとすれば，無記名で自由記述が望ましい。

第2章−2

進行役による討論プラン

1 ● ファクションによる学校ケースメソッドの具体化

　ここに紹介する実践例は，2007年6月に奈良県御所市立葛小学校で行った「加奈ちゃんの算数力アップの秘策は？」の研修会を軸にしていますが，氏名はすべて仮名です。しかも，すべての内容がこの研修会の事実にそっているわけではありません。このケースは，南大津小学校で算数のティームティーチングの授業を参観したときに，私が思いついてケースを書き，最初に葛小学校の研修会で試みて，ビデオにその記録を残しました。

　しかし，この研修会では，先生方の個別学習や小集団での話し合いの模様までは把握できません。また，このケースをこれまで5回，異なる学校や教育研究所等の研修で使用してきましたが，ティーチング・ノートができたのは3回目の研修会後ぐらいからです。

　要するに，本章で学校ケースメソッドの例として述べているのは，葛小学校の研修会を軸にするものの，研修前の個別学習や研修会の全体説明後の話し合いについては想像を加えて描いています。そのうえ，全体討論でもその後に作成したティーチング・ノートを意識した記述もあります。その意味で，ここでのお話は，事実（fact）にフィクションを交えたファクション (faction) と言ってよいでしょう。なお，研修前から研修後までを物語風に描き，途中でケースも示し，ティーチング・ノートは，章末に掲載しておきます。

2 ● 研修1週間前：ケース等をメールで送る

「はい，田畑小学校です……」
「奈良教育大学の安藤ですが，校長先生，お願いします」
「はい，少々お待ちください」
「校長の木本です。安藤先生，次回の学校ケースメソッドの研修，どのようなテーマになりますか？」
「前回は，保護者対応のケース『「不公平だ！」と言われて』（第3章−6参照）をしましたので，今回は，『加奈の算数力アップの秘訣は？』と題する少人数指導のケースを

やりたいと思っています。それでよろしいでしょうか」

「けっこうです。本校でも，算数のティームティーチングをやっていますが，特にどのような点に配慮したらよいのかということについて困っております……」

「それでは，今週中にメールでこのケース等を送りますので，研修日の数日前に先生方に配ってください。実は，今回は，2つの資料もあります。全体討論の際に，進行役の私（安藤）がそれらの資料を『配ってください』と申しますので，そのときに配布してください。その他の注意点等については，メールに書いておきます。それでは，研修会の時間より1時間程度早い目に伺いますので，どうぞよろしくお願いします」

この電話のあと，私（安藤）は，木本校長先生宛に次のようなメールを送りました。

田畑小学校
木本校長先生

　さきほど，お話しましたとおり，来週金曜日の研修は「加奈の算数力アップの秘策は？」というケースで実施させていただきます。今回は，3回目の学校ケースメソッドですので，先生方も多少慣れてきたかと思います。

　まず，ケースと設問を添付ファイルでお送りします。ケースは，A4判2枚ですが，A3判1枚にしてコピーしてください。また，今回は，ケースと設問の用紙は別になっておりますが，ケースの裏側にコピーしていただいても，別紙でもけっこうです。そして，研修の数日前までには，先生方にケースと設問を配布してください。その際に，設問に対する答えをご自身で書くこと，学校名と氏名を忘れないように注意してください。

　さて，当日は，午後3時半から5時までとのことでしたが，私は，午後2時過ぎには，学校に伺いますので，まず，先生方の設問のプリントを各1部コピーしておいていただき，それをお渡しください。全体討論の際の傾向をつかむための参考にさせていただきます。

　以上，よろしくお願い申し上げます。

　　　　　　　　　　　　　　　　　　　　　　　　　　　　　　　安藤輝次
　　　　　　　　　　　　　　　　　　　　　　　　　　　　奈良教育大学 教職大学院

田畑小学校とは，4月から毎月1回，ケースによる研修会を行ってきました。これでようやく3回目，学校の先生方も慣れてきたでしょうし，校長先生のお話だと，算数のティームティーチングもやっているとのこと，グッドタイミングと思いました。

木本校長先生のお陰で，教員集団の中には自由に何でも意見を言えそうな雰囲気があります。もちろん，研修当初は，「どんな意見や感想を述べても，それを教員評価には組み入れない」と校長先生と教頭先生にお願いし，第1回目の全体研修会で全教員の前で言ってもらいました。でも，やはり初めはちょっと堅かったのですが，第2回目には堅さもかなり取れていました。今度は，どのような展開になるだろうか，ほんとうに楽しみです。

2 進行役による討論プラン

❸ ティーチング・ノートによって討論プランを練る

「加奈の算数力アップの秘策は？」を使った学校ケースメソッドは，他校ですでに1回やっていました。しかし，前回は，気になる点だけちょっとメモ書きして全体討論に臨んだために，もうひとつ自信のなさもあって，迫力を欠いていたようです。それで，今回は，討論プランを用意して万全を期すことにしました。

全体討論のプラニングは，ティーチング・ノートを読み，討論プランの一定の様式にそって記入していけばよいので簡単です。

まず，ティーチング・ノートに記してある「ケースの要約」や「研修対象」は，ザッと読みました。そして，このケースの3つの目標を様式にそって記入し，キーワードを左欄に仮置きします。「分析」の節の中の「中心となる用語や概念」のうち"誤答分析"については，具体例を出したほうがより効果的だと思ったので，じっくり読みました。さらに，最も強調したい3種類の学び（①行動的な学び，②映像的な学び，③言語的な学び）から加奈の学習スタイルがビジュアルに強みがあるので，そこから弱みを補強するバイパス的な指導法をもう一度確認しました。

前回は，参加者の発言と全種類マインド（All Kinds of Minds）のレヴィンによる算数・数学のつまずきのチェックリストにつなげようとしたのですが，参加者の多くが学校ケースメソッド初心者であったためか，あまり関連づけができませんでした。参加者の発言を重視するのか，それともこの神経科学的な分析から実際に臨床の教育指導まで展開している実践の方法を導入してみようか，決断できませんでしたが，とりあえず設問1のいちばん下のところでこの資料を配布することにしました。

全体討論では，進行役としては，次々に進みたいのに，参加者からケースの文脈について細々とした質問が出されることが再三あります。それで，ティーチング・ノートの「おもな質問」からピックアップして，設問1の冒頭に（質問？）と書いて，本番では機先を制して，こちらから説明しておこうと思いました。「おもな争点」にあげてある"加奈ちゃんのよい点が出にくい"ということについては，恐らく「好きなこと」は出てくるだろうと予想し，強みと弱みは見方を変えれば，変わるという程度にとどめることにしました。そして，「指導方法」ですが，全体討論の様式に設問1と2として表にまとめ，設問3もティーチング・ノートから抜き書きするだけです。板書も設問にそえば問題ありません。

最後に，自分が研修会で「これだけは押さえたい」という言葉について枠で囲って，目立つようにしました。「討論のまとめ」では，バイパス法だけは落とさないで，他は参加者の発言をまとめる程度でよいでしょう。

このようにして出来上がったのが次頁の「討論プラン」です。

第2章●学校ケースメソッドの進め方

[加奈の算数力アップの秘策] 全体討論プラン

目　標　① 算数の苦手なこのケースの子どもの問題点，好きなこと，強みを確認する。
　　　　② ビジュアルな学習スタイルの子どもに対する少人数指導の方法を提案する。
　　　　③ 自信を失った子どもの保護者を支援する方策を列挙する。
準備物：追加資料（全種類マインドの算数・数学つまずきの表，保護者対象アンケート）

キーワード等	進　行　役	参　加　者
	導入：算数が不得意だった自分の経験を述べる。 設問1：加奈の問題点，好きなこと，強み （質問？）通知票は3段階：指導案は一部修正：TT2人の少人数学級 ＜争点＞加奈に良い点はない。「控えめ」などの強みは弱みとも言える。	
算数のつまずきの原因 ・記憶 ・言語 ・注意 ・順序づけ	<table><tr><th>問題点</th><th>好きなこと</th><th>強み</th></tr><tr><td>・算数学力不振→自信不足→文章題で九九が言えない ・記憶力が悪い→九九の暗記 ・自学できない，消極的 ・指示されるのが嫌である ・とりかかりが遅い</td><td>・図工（絵本づくり） ・音楽（ピアノ） ・（創造的なことで）自由にする</td><td>・優しい ・明るくて好かれる ・おっとり ・控えめで慎重</td></tr></table> ＜資料＞全種類マインドの算数・数学躓きの表の提示 設問2：算数を伸ばすための指導法	
誤答分析 3種類の学び （行動，映像，言語） 直接的指導 バイパス法	<table><tr><th>直接的指導法</th><th>バイパス法</th></tr><tr><td>・これまでの算数の学力を調べる ・4年の算数が1になった原因解明 ・能力に応じた易しい問題をスモールステップでやらせる ・問題量を減らして，集中力を保つ ・難しい言葉を易しく説明</td><td>・図形や具体物を使う ・文字を図示したり，させる ・少人数指導で作業するとき，とりかかりの遅い子どもをサブの教員が支援する</td></tr><tr><th colspan="2">その他</th></tr><tr><td colspan="2">・自信をもたせる。やる気を出させる。根気をつける。 ・間違えても恥ずかしくないことを伝える。 ・基礎基本をしっかり身につけさせる。 ・努力することが大切であると説明する。</td></tr></table>	
兄弟姉妹との比較 連絡帳	設問3：保護者との連携のあり方（直接的指導法もバイパス法も） ・姉と比較しない　・連絡帳の活用　・家庭での仕事で自律性を ・学びの意味づけ　・励まし　・父親に学校参加を ＜資料＞保護者アンケートの配布（保護者に自分の子どもを考えてもらう）	

第2章-3

参加者による個人学習

1 ● 参加者にケースや資料等を配る

　田畑小学校の研修担当の山中先生は，校長先生からケースのメールや資料のファイルを受け取ってコピーし，全教員の人数分のプリントを用意して，研修3日前の火曜日の朝の会で配布しました。

　3回目ですから，山中先生に対する質問もほとんどありません。朝の会での「先生方，ケースに関する設問が3つありますから，ご自分の考えや意見をしっかり書いて，研修日に臨んでください」との要請にも，いまでは協力的です。山中先生は，"退屈でない研修で助かった"と正直思いました。たいていの研修会は講義型が多くて，退屈なのです。最近流行のワークショップは面白いけれども，いつどこでどんなときに使うのかというはまりどころがあって，教師の力を自ら伸ばすという点でもの足りないと感じていました。

　50代の山中先生にとって，若かりしころは，ベテラン教員によく飲み会に誘われたものでした。そこで悩みを話したり，授業力アップの秘訣を聞いたり，勇気づけられたりして，ようやく一人前の教員になれました。でも，いまは飲み会に誘っても断る若手の教員が少なくありません。もっと重大な問題は，年輩の教員の従来からの指導法が，いまの子どもには通用しないように思われることです。

　いまの先生を育てるには，力量のある先生を伸ばして示範授業をしてもらうというのでは駄目です。一人一人の先生の悩みを聞き，一人一人の先生のニーズに合った研修をしないといけないというのが木本校長先生の話でした。個々の子どものニーズを考慮した教育が求められるのが現在ですが，大人も同じかもしれません。だから，学校ケースメソッドを導入しようとしたのです。

50代前半の教務主任で授業研究の虫。学級を持てなくなったのが，最も寂しいと感じている。最近は，若手教員との世代間ギャップも痛感。

2 ケースを読んで，設問に答える

腰田先生は，山中先生からケースを渡されて，"またか……"と思いました。教員になって2年目，まだまだヒヨコの先生で，ようやく年間を見通して過ごせるようになったものの，自分の授業や学校経営にせいいっぱいで，ケースをめぐる全体討論でも年輩の先生があれこれ経験を交えた話をしているのをうらやましく思っていました。また，乏しい経験から，このような指導法を講じたらどうかということなど，言えるはずもありません。

> 教員2年目で，授業力がまだまだ不足していると自他とも認めている。初任研では，学級経営の悩みを訴えたことも…子どもの笑顔が何よりの励み。

そんな気持ちもあって，ケースの設問に答えておくという研修向け宿題も後回しになっていきました。そして，研修会前日の夜遅く，自宅の机の前で"まあ，何とか形だけでもやっておかないと……"という思いに駆られて，「加奈の算数力アップの秘策は？」のケースを取り出したのですが，受験勉強時代の癖が出て，最初に設問から読み始めました。

【設問1】加奈ちゃんの問題点，好きなこと，得意なことをそれぞれ列挙しなさい。

「問題点」っていう言葉遣いが嫌だわ。「好きなこと」と「得意なこと」はどう違うの。わからない……。だいたい，何の話なの，コレ！

それで，仕方なしに，ケースを最初から読んで，設問に答えることにしました。

すると【設問1】は，国語のテストのようで難なく解けました。そして，【設問2】です。

【設問2】加奈の算数の力を伸ばすために教師がやるべきことは何ですか……。

ここまで読んで，「算数の力を伸ばす」ではなく「算数を好きにさせるために」と言ったほうがよいのではないかと思いました。しかし，どうすれば算数が好きになるのだろうか，妙案が思いつきません。何か活動をさせればよいように思うのですが……。力のなさを痛感します。

【設問3】加奈の保護者とは，これからどのような連携をとっていくべきでしょうか，についても，「こんなことができました」と保護者を安心させることが大切だとは思います。では，どうするのかというと，加奈が何でも積極的に取り組んだことを保護者に報告するという程度のことしか書けません。

> 宿題：第2章－4を読む前に，30分程度をかけて，読者のみなさんも「加奈の算数力アップの秘策は？」のケースを読んで，【設問1】から【設問3】までに答えてください。

加奈の算数力アップの秘策は？

　国語2，社会2，算数1，理科2，音楽3，図工3，体育2……。
　そして，通知表の「学習や生活について」の欄には，「いつも明るく友達にも好かれて，楽しく過ごしていました。困っている子にはさり気なく声をかけてあげる優しい加奈ちゃん。そのよさを伸ばしてくださいね」と書かれていた。
　算数は苦手ということは知っていたが，4年の3学期になってとうとう1になったか……。3つ上のお姉ちゃんと違って，「よさを伸ばして」といっても，算数1じゃ，どうしようもない。加奈のお母さんは，1年前から加奈について算数や国語の宿題も見てやってきたのに……とがっくり。

> 知っていても手を挙げない。自信のない子だなぁ

> できないわね！お姉ちゃんとは大違い

　お父さんは，会社から戻って，算数が1になったという話を聞いてびっくり仰天。阪神―巨人戦のテレビ中継を見ようとするが，どうも気持ちが入らない。昨年の3年1組の父親参観で見た授業が算数だったけれど，わが子がまったく手をあげないから，夕食のときに「1回ぐらい手をあげろよ。行った甲斐がないじゃないか。むずかしかったの？」と言うと，「正しいかどうか自信がないの。でも，みんなが発表した答えと同じだったよ！」と言い返してきたことを思い出した。そして，たしかに娘は図工は得意で，音楽もピアノを習わしてきたから好きで，友達もたくさんいるけれど，これじゃ中学に上がって受験勉強が大変になるかも……と思った。

さて，春休みに，加奈はお母さんに「塾か通信教材か，どちらかをやるように！」と説得されて，結局，5年生の1学期から通信教材をやるようになった。ところが，自学用の通信教材さえ一人でできない。お母さんが一緒についてあれこれ指示しないとやらない。勉強を始めそうで，なかなか始めない。どの教科でも優秀なお姉ちゃんとは違って，とりかかりが遅いのである。時間を決めて目標をもってやれないのである。やり始めてもダラダラするのである。

　そして，お母さんが加奈に「算数の何が嫌い？」と尋ねると，「別に…」というつれない返事。「じゃあ，図工の何が好き？」と聞くと，「図工でもあれこれ指示されてやるのは嫌で，絵本づくりのように，好きなようにさせてくれる時間が好き」と言う。「じゃあ，国語の漢字練習や算数の重さの単位などは嫌い？」と尋ねると，コックリとうなずいた。そういえば，2年生の九九の暗記も人より何ヶ月も多くの時間をかけてやっと覚えたと思ったら，3年になっても九九を使った文章題ができないのに驚いたことがある。例えば，5×1，5×2，5×3という答えは九九ですぐに言えるが，「5本の鉛筆を3人に配りました。何本の鉛筆を配ったのでしょう」という文章題で，5×3の九九を思い出せないのである。

　そのような思いを抱いて，加奈の母親は，5年1学期のPTA総会のあとで，学級担任の高野先生に「加奈を家で見ているかぎりでは，算数ができないように思えるのですが，うまくついていっていますか？」と尋ねたところ，「学級を受けもって1ヶ月もたっていませんので，一人一人の子どもさんの長短所まで詳しくわかりませんが，ちょっと算数は苦手意識があるようです。でも，おっとりしていて，誰にも優しいよい子どもさんのようですね」という答えであった。

　このような母親との話のあと，高野先生も，加奈ちゃんをあらためて見直してみたところ，たしかに自分に自信がなくて，消極的であるようである。また，給食を食べるのもみんなに比べて極端に遅い。スローテンポで控え目な加奈ちゃん。この子には，5年生の間にまず自信をつけさせて，算数や国語にも積極的に取り組むようになってほしいと思った。

　そんなとき，ちょうど指導主事訪問で，高野先生の算数の授業を参観してもらうということになった。高野先生がメインでサブの三田先生と組んで行っている算数のTTの授業である。題材として，「垂直・平行と四角形」の単元の中の「四角形」を選んで，A4判1枚の用紙に次のような学習指導案を書き始めた。

　ところが，この授業で加奈をどのように生かすのか，と考えると，ちょっと自信がなくなってきた。「どうすればよいだろうか」と思案に暮れているうちに，数時間がたった。

(1) 目　標
四角形の対角線による分割と合成から四角形の概念や図形の見方の理解を深める。
(知識・理解)

(2) 展　開

学習活動と評価規準（●）	Ｔ１の活動と留意点	Ｔ２の活動と留意点	備　考
① 課題をつかむ 　長方形と平行四辺形を対角線で切り取った三角形は同じだろうか。 ・形 ・大きさ	・長方形と平行四辺形の定義や性質を再確認させる。 ・長さや角の大きさを実際に測定するのではなく、直観的にとらえさせる。（予想）	・机間指導しながら支援の必要な児童には補足説明をし、確認させる。	ワークシート、ものさし、はさみ
対角線で分けられた２つの三角形について調べましょう。			
② できた三角形について調べ、わかったことを記録し、発表する。（関心） （観察） ●長方形と平行四辺形を対角線で分けてできる２つの三角形を調べようとする。 ●対角線で分けられた２つの三角形が合同な三角形になる理由を考えることができる。 （思考）（発表）	・形も大きさも同じ三角形になる理由を、それぞれの四角形の性質と関連づけられるようにとらえさせる。	・作業が苦手な児童への個別支援をする。 ・できた三角形を並べたり、重ねたりして調べさせる。 ・机間指導しながら支援の必要な児童には補足説明をし、理解を促す。	

第2章 ● 学校ケースメソッドの進め方

学校名 ＿＿＿＿＿＿＿＿　　名前 ＿＿＿＿＿＿＿＿

設問1：加奈ちゃんの問題点，好きなこと，得意なことをそれぞれ列挙しなさい。

設問2：加奈ちゃんの算数の力を伸ばすために教師がやるべきことは何ですか。できるだけ
　　　たくさんあげなさい。

設問3：加奈ちゃんの保護者とは，これからどのような連携をとっていくべきでしょうか。

さて，ケースの3つの設問に対する答えを書くことができましたか。
「？？…」の人は，もう一度，力を振り絞って設問に挑戦してください。「はい」と言える人は，これから学校ケースメソッドの研修会に参加していただきます。

☆学校ケースメソッドをもっと深めたい人
　【課題】進行役と参加者は，第2章-1の**3**の研修前日までの留意事項のどれを満たしていますか，どれを満たしていないですか？

68

第2章-4

研修会の直前や合間における修正

1 ● 個人学習における設問の回答を読む

　さて，研修会当日，研修が始まる1時間少し前に田畑小学校に到着し，木本校長先生から「加奈の算数力アップの秘策は？」について先生方が書いた設問のコピーを受け取り，全体をざっと読み，注目点には，黄色のマーカーでチェックを入れました。そして，それぞれの設問と「討論プラン」と照合して，修正の必要があるかないかを考えます。

　まず，【設問1】の加奈の問題点については，「算数が苦手」「自信がない」「とりかかりが遅い」「応用できない」など，相変わらずケースの文脈にそった表現が目立ちます。ティーチング・ノートの回答例とほぼ同じなので，思わず「討論プラン」にOKと記しました。このような場合，現象的な注目点から原因解明にいたるまでに時間を要するので，今日は，用意していた「全種類マインド（All Kinds of Minds）」の資料「算数・数学のつまずきの兆候」を，全体討論の初めに示したほうがよいのではないかと考え，設問のいちばん下にあった＜資料＞から設問のいちばん上に矢印を入れて，原案を修正しました。

　【設問2】の加奈に対する指導法では，つまずきの原因を調べて，問題量を減らすとか，易から難へ問題をつくるという直接指導法の回答が多いようです。加奈の得意なことや好きなこととしてビジュアルに着目する，バイパス的方法に関連した提案は，X先生だけでしたので，その点をもっと強調する必要があると思って大きな○で囲みました。

　【設問3】の家庭との連携については，「姉と比べない」という指摘は多くありますが，「家庭学習のやり方を助言する」とか「保護者が不安を感じないように気をつかう」などの抽象的な表現が多いので，具体例として，ティーチング・ノートの最後にあるアンケート資料を使うことになるかもしれません。

　そうこう考えるうちに，校長先生の声がかかり，研修会議室に向かいました。個人学習の回答のチェックは，まだ不十分でしたが，小集団の話し合いの時間を利用して点検できました。特に【設問3】にかかわって，Y先生の「連絡帳の活用」という考えに注目したいので矢印で記しました。こうして出来上がったのが次ページの討論プラン修正版です。

［加奈の算数力アップの秘策］全体討論プラン修正案

目標
① 算数の苦手なこのケースの子どもの問題点，好きなこと，強みを確認する。
② ビジュアルな学習スタイルの子どもに対する少人数指導の方法を提案する。
③ 自信を失った子どもの保護者を支援する方策を列挙する。

準備物：追加資料（全種類マインドの算数・数学つまずきの表，保護者対象アンケート）

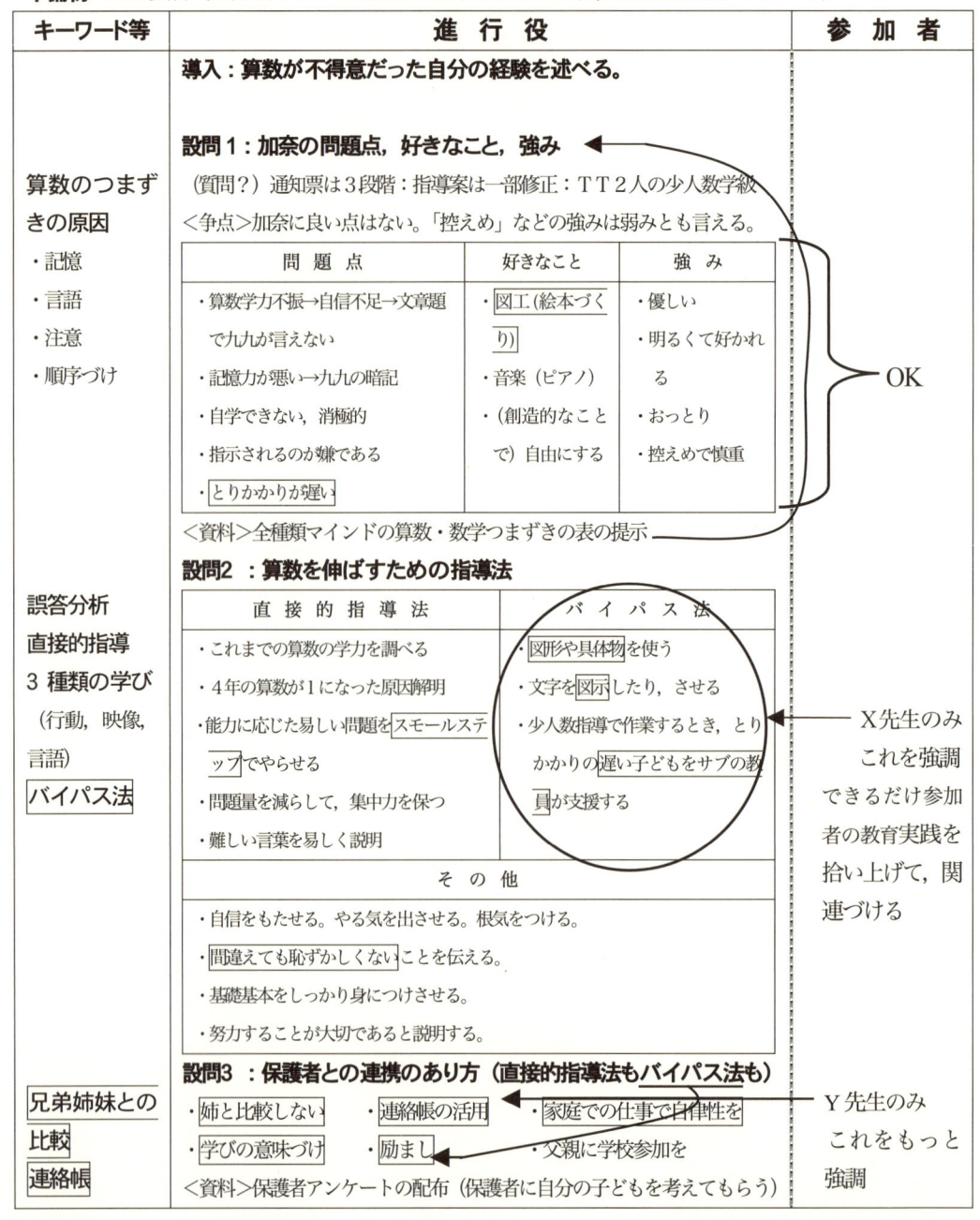

キーワード等	進行役	参加者
算数のつまずきの原因 ・記憶 ・言語 ・注意 ・順序づけ	**導入**：算数が不得意だった自分の経験を述べる。 **設問1**：加奈の問題点，好きなこと，強み （質問？）通知票は3段階：指導案は一部修正：TT2人の少人数学級 ＜争点＞加奈に良い点はない。「控えめ」などの強みは弱みとも言える。 | 問題点 | 好きなこと | 強み | |---|---|---| | ・算数学力不振→自信不足→文章題で九九が言えない | ・図工（絵本づくり） | ・優しい | | ・記憶力が悪い→九九の暗記 | ・音楽（ピアノ） | ・明るくて好かれる | | ・自学できない，消極的 | ・（創造的なこと で）自由にする | ・おっとり | | ・指示されるのが嫌である | | ・控えめで慎重 | | ・とりかかりが遅い | | | ＜資料＞全種類マインドの算数・数学つまずきの表の提示	OK
誤答分析 直接的指導 3種類の学び （行動，映像，言語） バイパス法	**設問2**：算数を伸ばすための指導法 | 直接的指導法 | バイパス法 | |---|---| | ・これまでの算数の学力を調べる | ・図形や具体物を使う | | ・4年の算数が1になった原因解明 | ・文字を図示したり，させる | | ・能力に応じた易しい問題をスモールステップでやらせる | ・少人数指導で作業するとき，とりかかりの遅い子どもをサブの教員が支援する | | ・問題量を減らして，集中力を保つ | | | ・難しい言葉を易しく説明 | | | その他 | |---| | ・自信をもたせる。やる気を出させる。根気をつける。 | | ・間違えても恥ずかしくないことを伝える。 | | ・基礎基本をしっかり身につけさせる。 | | ・努力することが大切であると説明する。 |	X先生のみこれを強調 できるだけ参加者の教育実践を拾い上げて，関連づける
兄弟姉妹との比較 連絡帳	**設問3**：保護者との連携のあり方（直接的指導法もバイパス法も） ・姉と比較しない　・連絡帳の活用　・家庭での仕事で自律性を ・学びの意味づけ　・励まし　・父親に学校参加を ＜資料＞保護者アンケートの配布（保護者に自分の子どもを考えてもらう）	Y先生のみこれをもっと強調

第2章−5

研修会：概要説明から小集団の話し合いへ

1 ● 学校ケースメソッド開始時の説明

　さて，会議室に入ると，13名ほどの教員が3人がけの長椅子に座っています。本来ならば，互いの顔がわかるようにコの字型に座ってもらうのですが，この程度の人数なら，進行役との対面式でもさしつかえありません。これまで最大で80名の教員研修で学校ケースメソッドをやったこともありますが，今回は，月1回の学校ケースメソッドの定期的な研修です。「あの先生，今日は，何か元気がないな」と気づくような先生方もいます。

　前回と同様，黒板以外にホワイトボードも1つ用意します。3つの設問についての参加者の意見や感想などをできるだけ板書するには，どうしてもホワイトボードを入れないと，書ききれません。今日は，【設問1】は，加奈ちゃんの基礎情報（問題点，好きなこと，得意なこと）だから，ホワイトボードに書き，その他の設問は黒板に書くことにしました。

　本校では，「空気を読めない翔ちゃん」と「保護者対応」に次ぐ3回目の学校ケースメソッドの研修です。しかし，事前の説明でこれだけは必要ということだけは言っておかなければなりません。それは，小集団における話し合いの目的です。そのことについて，進行役の私（安藤）から次のようなお話をしました。

　「今日のケース『加奈ちゃんの算数力アップの秘策は？』も，前回同様，全部，ほんとうの話ではありません。人物の名前もほんとうではありません。たしかに，この加奈ちゃんという子どものモデルはいますが，そのようなモデルは複数います。そして，複数のモデルを組み合わせて加奈ちゃんを描いています。似たような学習指導案もありますが，その一部をケースの趣旨にそって変えています。これまで姫路，岡山，宝塚でこのケースをやってきました。田畑小学校では，4回目のケースです。

　まず，いつものようにグループに分かれてもらって，司会者を決めてから話し合ってもらいます。ただし，グループの人たちで何か1つの結論をまとめるのではありません。グループのみなさんの意見をサーッと出し合って，自分の回答を修正したり，『なるほどなあ』と思ったことをメモしたりすること，それがグループ作業の目的です」

そして，研修担当の山中先生から，次のような研修のスケジュールの説明があり，それぞれの先生は，該当の教室に別れて行きました。

```
3時35分から4時5分：小集団での話し合いの時間
        Aグループ（メンバー名）：会議室
        Bグループ（メンバー名）：□教室
        Cグループ（メンバー名）：○教室
4時10分まで：全員が会議室に戻る
4時10分から5時ころまで：全体討論
```

山中先生によれば，グループ分けの際に，話し合いをリードする役割を果たしてくれそうな先生を配置し，担当学年もできるだけ散らばって，多様な意見が出るように工夫しているそうです。しかし，最近では，突然の出張や保護者訪問もあって，けっこう気をつかうこともあるようです。

2 ● 小集団で話し合いをする

進行役の私は，小集団における話し合いには，できるだけかかわらないように心がけています。小集団で，自由に思う存分意見や感想を出し合ってもらうためですが，小集団の話し合いにはかかわらないものの，ときには同じ部屋の離れた席で仕事をしたり，話し合いの様子を聞いていたりすることもあります。

しかし，今日は，木本校長先生に「全体討論まで時間もありますので，校長室でお休みください！」と誘われたので，設問に対する参加者の回答をもう一度チェックするよい機会だと考え，さっそく校長室に向かいました。

> あなたが山中先生と同じAグループに入っていると想像してください。あなたは，小集団での話し合いの中でどのような発言をしますか？

山中先生は，会議室を話し合いの場所としているAグループのメンバーで，互選で司会役も務めることになりました。

さっそく，【設問1】加奈ちゃんの問題点，好きなこと，得意なことに対するメンバー5名全員の回答を言ってもらうことにしました。何しろ全体討論は，同じ部屋で4時10分から始まるので，時間厳守でなければなりません。ただし，自分から発言すると，全体を誘導しかねないので控えることとして，まずは，各自で書いてきたものを音読してもらうことにしました。

【設問1】については，各自の意見発表が中心で，ほとんど言い放しに近い状態でしたが，【設問2】の教師の加奈に対する指導法になると，俄然いろいろな提案が出てきます。4年生の3学期の成績が下がった原因を探ること，TTではつまずきに留意して個別支援をするという意見が出されました。文章題に絵を入れるという先生もいます。

しかし，腰田先生の【設問2】の回答欄には，次のようなメモが記されているだけです。
・乗法の理解→数量関係の概念の理解
・計算力を高めるための四則計算の繰り返し指導
・文章題対策として，国語読解力を高めるために読書をする

ちょっと抽象的すぎて，発表するには，気恥ずかしい感じがしたのですが，司会役の山中先生に促されて発表したところ，Aグループの他のメンバーの発言とうまくつなげてくださいます。なるほど，私の言っているのは，具体的にはこういうことに関連しているのかと，腰田先生はあらためてわかったような気がしました。

ここまでで4時近く，山中先生は，急いで【設問3】の保護者連携の提案に移りましたが，「姉と比べない」はすぐ出るものの，ほかに"これ"というような具体的で有益な提案は出ませんでした。

山中先生自身，【設問2】を問いているときに，多分いろいろな提案が出てくるだろうと思ったのですが，【設問3】については，回答を書いていて，妙案が浮かびませんでした。そんなこともあって，ここはあまり深まらないのではないかと予想していました。結局，簡単に【設問3】の話し合いをしたのみで，最後は時間切れということで，Aグループの話し合いは終了となりました。

☆学校ケースメソッドをもっと深めたい人

【課題】この進行役は，第2章-1の5の「研修全体についての説明」(57頁)の留意事項のどれを満たしていますか，どれを満たしていないですか？

第2章●学校ケースメソッドの進め方

第2章-6

全体討論：学業不振児の「ほんとうの問題」

1 いつもと違う展開：追加資料の配布

　さて，私が，午後4時5分ちょうどに全体討論の会場となる会議室に入ったときには，Aグループの人たちが話し合いを終えたばかりで，対面式に寄せた長机を元どおりに並べ直しているところでした。そして，数分のうちに他の2つの小集団の人たちも，続々と入室してきました。

　ここからが学校ケースメソッドの全体討論の始まりです。
「加奈の算数力アップの秘訣は？」のケースのティーチング・ノートがあり，事前に設問の回答をチェックしたものの，30分ほどの小集団の話し合いで意見が変わったり，修正付加されたりしたかもしれませんから，多少なりとも進行役と参加者との真剣勝負のような感覚もあります。赤・黄・青のチョークや黒・赤・青のマーカーペンをチェックしたあと，次のように切り出しました。

　「先生方も，学校ケースメソッドが3回目です。多少とも慣れてきたように思います。それで，ちょっと応用問題をしましょうか」

　先生方は，冒頭から意外な展開となり，少し驚いた様子！　そして，山中先生に資料を配ってもらったあと，次のように続けました。

　「実は，途中から配付しようか……とも思いましたが，こういう資料（次頁の表を参照）を用意してきました。これは，算数ができない子をどうするのか，算数のつまずきの原因を探るためのアメリカのチェックリストです。1から13まで算数・数学のつまずきの兆候を示しています。まずは，みなさん個人で【設問1】を考えてもらって，それからグループで話し合ってもらいました。

　それで，応用問題！　この加奈ちゃんは，1番から13番まで，どこに問題があるのかということを考えて該当の番号に〇を打ってください。いくつ〇を打ってもかまいません。問題がわからないと対策もわからないですからね。だから，このような作業が必要なのです」

74

（読者のみなさんも下表にチェックして，全体討論に参加してください。）

チェックリスト

このケース教材で該当する番号に○を付けなさい。

算数・数学のつまずきの兆候

記　憶	注　意
１．加除など基礎的な算数・数学の手順やルールや公式を思い出せない。	８．算数・数学の問題をしているときに注意散漫であり，モジモジする。
２．前に習ったパターンを思い出せない。どの問題も違うように見える。	９．算数・数学の問題をやっている最中に自分の位置を見失う。
３．算数・数学の問題を解いている過程について忘れる。	10．算数・数学をしていると精神的に疲れて，疲労感が強くあるようだ。
言　語	**時間的-順序的，空間的順序づけ**
４．算数・数学で使う用語がわからない。	11．複数のステップの手順で学習すると，混乱する。
５．言葉の問題で混乱している。	
６．無関係な情報が入っていて，順序がいつ変になっているのかわからない。	12．問題解決で使われるステップの順序づけがなかなかできない。
７．抽象的な用語の学習ができていない。	13．算数・数学の可視化の面で問題がある。

　このようなチェックリストから始めたのは，研修3回目で，先生方にやや慣れが出てきそうなので，ちょっとチャレンジ的な試みをやってみたいという思いがあったからです。また，【設問2】の加奈ちゃんの指導法に早くもち込みたいという思いもありました。

2 算数ができない原因を探る

　そして，3〜4分ほどたって，すべての先生方がチェックリストに○を付けたことを目で確認し，「○を打った番号について，手をあげてください。何回手をあげてもかまいません。はい，1番という人：11名，2番という人：9名，……」と続けました。

　その都度，ホワイトボードに板書した結果，次のようになりました。

加奈ちゃん：算数ができない原因

記　憶	1番：11名	2番：9名	3番：1名	
言　語	4番：2名	5番：7名	6番：0名	7番：3名
注　意	8番：9名	9番：1名	10番：6名	
順序づけ	11番：10名	12番：6名	13番：4名	

それから、「まずはゼロを消していきましょう。1つも消しましょうか」と述べて、6番を消し、3番と9番を消しました。今度は、挙手の多い順の番号から、「1番が11名、11番が10名、2番と8番が9名、10番と12番が6名……」と確認していきました。全体的に見て、"記憶"が21名、"順序づけ"は20名と多いのですが、"注意"が16名で、"言語"は12名と少ないようです。
　次に、「1番は『加除などの基礎的な算数・数学の手順やルールや公式を思い出せない』、2番は『前に習ったパターンを思い出せない。どの問題も違うように見える』ですが、これらは、ケースの中のどこでわかりますか」と問いかけました。すると「暗記する部分で、担任の先生は苦労されたのでしょうが、手順やルールが九九で理解しがたいのじゃないかな、と思いました」という発言が返ってきました。
「一時に一事を聞く」という原則に反したからでしょうか、私の問いかけによって、"ケースの何行目のどこの箇所でわかる"と言ってほしかったのですが、多少ズレた反応です。とはいえ、まんざら見当違いの発言でもないので、次のように続けました。
　「九九の文章題ができない、なかなかできない。はい、ほかに1番と2番も多いですよね。記憶というけど、もっと言えば、記憶でも、パターンや手順を思い出して……。こういう言葉があります。加奈ちゃんは、短期の記憶はできるかもしれません。でも、1つは"ワーキングメモリ"、もう1つは"長期記憶"が弱い。ワーキングメモリというのは、文章題を読んでいくのですけれども、さきに読んだことを踏まえて、ポイントを押さえるというのが苦手、最初の箇所を忘れてしまうということです。1行目を読んでいって、2行目を読んでいって、3行目を読んでいくと、1行目が消えてしまう。それはワーキングメモリが弱いということです。長期記憶というのは、この子どものいちばんの問題はここなんですが、まあ記憶が定着しない、そこが多分、加奈ちゃんの問題ということですよね」と。
　算数・数学のつまずきの兆候のチェックリストの番号と挙手の数を記した板書を見て、次に注目すべきは、順序づけの11番の10名と12番の6名です。「8番で言うのは、算数が注意散漫であり、モジモジする」と述べて、板書したあと、
　「もっと言ったら、多分モジモジと言ったら、自信がない、というようなことがけっこうあるんではないでしょうか、ということです。先生方のお話を整理すると、いちばん多かったのは、ここです。記憶のところね。言葉もまあ記憶に関係してくる。順序づけ、そして、注意力でしょう」とまとめました。
　また、"言語"関連の番号を選んだのは少ないけれども、「ほかに何があるかと言えば、4番から7番までは、言語の問題、言葉の問題ですね」と述べ、「6番と4番で可視化の面で多少関係する、可視化というのはビジュアル化のことです」と言いました。

③ "好きなこと"と"強み"に注目する

　それから，ビジュアルとの関連性を見いだしてくれるのではないかと期待して，「グループで話し合ったのもあるかもしれませんが，加奈ちゃんの"好きなこと"をあげてもらいましょうか」と問いかけました。

　「自分の自由にできること，図工とかピアノ習っているとか，自由さがあります」

　この回答を板書して，後ろの先生に当てると「同じです」という答えです。「ほかに何かありませんか？」と全体に尋ねると，「図工，絵本」という答えが返ってきました。それも板書しました。しかし，その横の先生に当てても「それ以上ありません」という答えです。

　ちょっと全体的に堅い雰囲気……。【設問1】の回答を自由に出してもらうのではなく，今日は，アメリカのチェックリストから入ったためでしょうか。

　「あんまりないんですね。じゃ，強みにいきましょう」と言うと，「明るく，友達に好かれる」という発言があがりました。

　次に「困っている子にさりげなく声をかけてあげる」という発言がありましたが，長すぎて板書にしにくいと思って，「別の言い方をしたら」と求めると，「誰に対しても優しい」という発言になり，それぞれを板書していきました。

　それから「ケースの左頁の上から3行目あたりに，『友達と楽しく過ごしていました』というのは，よいところです」という発言があったので，私から「というのは，強みですね。まだ，あるかもしれませんが，まあ，あとは討論の中で考えていきましょう。誰でも好きなこと，好きでも，"下手の横好き"もありますからね」と補足的な説明をしました。

　そして，ここまでの展開について，次のようなまとめを行いました。

　「では，みなさんの話をまとめると，加奈ちゃんの問題は，記憶，すぐ忘れてしまう。それから順序づけ，そこにも関係している。それから注意力がある。それが足りません。そして，言葉，用語が出てくる。だから，多分自信がない。好きなことは，音楽とか図工です」と。

　そして，これで【設問1】が終わったことを告げました。

　ここまででおおよそ20分弱経過です。

☆学校ケースメソッドをもっと深めたい人
【課題】この進行役は，第2章-1の⑤の「**全体討論：設問1**」の留意事項のどれを満たしていますか，どれを満たしていないですか？

第2章-7

全体討論：学業不振児に対する指導法

1 ● 算数力アップの指導法を問う

　このケースをめぐる討論の中心になるのが、【設問2】の加奈ちゃんの算数力アップのために教師はどのような指導を講じるべきかということです。
　まず、次のような話から始めました。
　「さきほど、みなさんが小集団で話し合いをしている間、校長先生との話の中で『このケースでは、親に問題があるのと違うのですか？』というお尋ねもありました。たしかにそういう面もあります。これは先生だけでなく親も問題がありますが、【設問2】では、先生がどうするのかという、そういう話です。"先生は、授業で勝負"というところがあるでしょう。これは、先生の研修会ですから、ここが大切ですよね。はい、【設問2】を読んで、みなさんなら、どのように指導しますか？」

> 読者のみなさんが指名された場合、どのような発言をしますか？

　それに対して、「つまずきテストをやる」という提案があったので、「はい、誤答分析ですよね。最近、テストが注目されていますものね。まずつまずきから、ということです」と返しました。
　「簡単なことからむずかしいことへと進ませる」という発言に対しては、「はい、易から難へということですね」と言いかえて、それぞれを黒板に短く書いていきました。
　「問題の量を減らして達成感をもたせる」という発言があったので、「量を少なくというのは、どういう意味ですか？」と尋ねたところ、「例えば、みんなが5個していても、その子は3個でよいからということです」という答えでした。
　いずれの提案も、つまずきの分析をもとにスモールステップで教えていく直接的指導法に関するものであり、日本の教師が好んで用いる提案です。

2 ● ビジュアルな学びに着眼する

　ようやく全体のムードも柔らかくなったように感じられます。次々と意見が出てきます。そのような雰囲気の中で，山中先生は，次のような発言をしました。
　「視覚的にも，すぐに何をしていったらいいかということを順序立ててわかるように，例えば，紙に書いて，知ることをします」
　山中発言は，前節で取り上げた加奈ちゃんの好きなことや得意なことにつながるかと思って，「手順を紙に図示するということですか，それともビジュアルにということですか？」と問いかけると，山中先生は，私の予想とは少し違った説明をしました。
　「あのう，時間の構造化というのですか，1時間で何をするのかということの流れ，それがわからないから何をしてよいかわからない，流れがわかるようにすることです」と。
　それで，「もう少し，45分ではなく，15分で何をするのかということでしょうか。それは（板書を指して）スモールステップということとは違うのですか？」と重ねて尋ねたところ，「スモールステップとも言えるのですが，その子にわかるような流れを明確にしていくということです」という説明でした。
　これらの発言を板書しながら，「その都度，学習の流れを示す。これは，スモールステップと板書の『易から難へ』とは違うんですか？」ともう一度尋ねたら，次のような小集団での話し合いの様子が披露されました。
　「うちのグループで出てきたのは，例えば，誤答分析をしたうえで，つまずきの原因がわかってきますよね。その子どもに合った目標をもつ，その目標をもって学習していくといいんじゃないか，ということです」
　確認のために，「まずつまずきの原因を究明して……，もう1回言ってもらえますか」と問い直すと，「つまずきの原因を明らかにして，その子に合った目標を設定していく」ということでした。そして，山中先生は，次のように補足説明をしました。
　「だから易から難へもあるし，もしかしたら，計算力かもわからないし，図形かもしれないし，そして，さらにスモールステップで進めていくのがいいんじゃないかなということです」と。
　私は，山中発言を板書の「易から難へ」と書いた箇所につなげて，「ここの易ですよね，スモールステップもあるかもしれません。例えば，計算力だったら，ここでもスモールステップになるということでしょうか」とやや自信なげにまとめようとすると，山中先生から「計算力だけでなく，ほかにもあると思うんですよね。例えば，文章題であっても，短い文章をまずやって，さらに長い文章題をやっていく」と，さらなる説明がありました。
　それで，私から【設問2】に対する先生方の指導法の提案についてのおおよその傾向を

指摘したあと，加奈の好きなことや得意なことに着目したバイパス法に誘い込むための問いかけをしました。

「こういうケースをやっていちばんよく出てくるのは，これ（板書の『誤答分析』を指して）なんです。それから，これ（板書の『スモールステップ』を指して）です。で，この子は，図形と計算のどっちが弱いでしょうか？」

すると，【設問1】とも関連づけて，「計算力が弱い。図工が好きというのもあるし，覚えにくいというのもあるから」という発言がありました。「通知票については？」と問いかけると，他の先生から「通知票で図工はよいですね。とすると，文章を絵や図で示すとか，図形や具体物で目に見えるようにするのがよいですね」という答えが返ってきました。

事前にもらった【設問】のシートでは，少数ながら，バイパス法につながる回答もありましたが，ようやく出てきた提案です。これを受けて，私から，次のようなまとめをしました。

「加奈ちゃんは，言語よりビジュアルな学びのほうがちょっとは得意ではないでしょうか。だいたい昔からのやり方というのは，テスト問題で誤答分析するほうが多い。高学年になると文章題が多くなってきますからね。

しかし，もう1つの方法があります。それは『全種類マインド(All Kinds of Minds)』のやり方ですが，バイパス的な指導法です。このやり方は何かと言うと，好きなことや得意なことを生かして，苦手なことを伸ばすという方法です。

1つは，誤答分析やスモールステップによる直接的指導法，もう1つは，バイパス的方法です。直接的指導法もあるけれど，バイパス的方法も考えていってほしいなあ，ということです。図でとか，文字がいっぱい書いているけれども，ビジュアルでということも大切ですし，そこがこの子どもにはとっつきやすいのではないでしょうか」

そして，【設問2】の最後に，「ケースの授業案の中でTTの先生は，『何をどうすれば，いいでしょうか？』。学習指導案をもとにして考えてください」という発問を行いました。

これは，【設問1】の加奈ちゃんの問題点の「とりかかりが遅い」にかかわっており，算数・数学のつまずき兆候の"注意"不足の8番や10番に関連しています。これに答えるのは，これまでの経験上，むずかしいように思われたので，まず次のような学び方に関する説明を行いました。

「設問1からまとめると（板書と対応させながら），言葉がちょっと弱い，記憶も弱い，注意力も弱い，順序性も弱い。課題の確認ですが，『長方形と平行四辺形の対角線で切り取った三角形は同じだろうか』ということです。

実は，学び方は3種類あります。低学年は，やって学ぶ，中学年は，やって学ぶだけでなく見て学ぶようになります。そして，高学年以降は，やっても，見ても学べるだけ

でなく，読んだり書いたりして，つまり，文字で学ぶことができるようになります」
そして，次のように板書しました。

> 小学校低学年＝やって学ぶ
> 　　中学年＝やって学ぶ＋見て学ぶ
> 　高学年以降＝やって学ぶ＋見て学ぶ＋言語で学ぶ

それから，加奈ちゃんの文脈にそった学び方に結びつけました。
「私たちにも得意不得意ってあるでしょ。言葉で論理的にわかるのが得意という人もいれば，図で示したほうがわかるという人もいます。ビジュアルのほうが理解しやすい人もいれば，実際にやってみないと納得できないという人もいます。

　加奈ちゃんの場合は，発達段階からいえば5年生ですが，言語にだんだん入ってくるんでしょうけれど，まだビジュアルな段階だと思います。ということを念頭において，どうするのかということですね。

　この授業案の題材は，図形です。加奈ちゃんはビジュアルなことが得意だから，ＴＴの先生，特にサブの先生は，何かに配慮した指導ができないでしょうか。みなさんで考えてください。どうでしょうか。

　さきほど，何か答えらしきものが出たように思いますが……。どれが絶対正しいという答えはありません。状況で多少答えも変わってきますが，ビジュアル系の子どもで，サブの先生が入ったというこの場面で，何をするのかということです」と。

そして，「特にサブの先生は，加奈ちゃんのような支援の必要な子どもに対してどのような配慮をすべきでしょうか。隣の先生と相談しても構いません。時間は5分です」と言って，先生方に考えてもらったところ，「長方形や平行四辺形をカードにしてサンプルにして，辺が等しいということを実際に見せると，同じ長さだということを視覚に訴えられていい」という発言が即座に出てきました。

4 ● 参加者の実践に根ざした発言

それから，田畑小学校の教育実践に引きつけた提案が別の先生から出てきました。
「実は，稲寄先生が5年担当で，同じようなことをやってもらっています。そして，本校にも加奈ちゃんとよく似た子どもさんが一人います。その子どもさんについては，図形が得意で，計算が弱いのです。ちょうど5年生のこの学習をすませたばかりです。

　そのときに，例えば，平行四辺形や三角形をかきましょうと言うとき，この子は，視覚的なことや図工が得意で，感覚的にその形が頭にイメージできているのですね，目で見て。

そのとき，この子どもにいちばん支援が必要と思われるのは，やっぱり言葉の問題。例えば，対角線という言葉がわからない，だから，さきほど言っていただいたように，その言葉の問題をまず最初に解決できたら，積極的になるだろうし，学習にも励みになるだろう。長方形をかくとき，対角線を引いて，これが対角線，ということをわかってもらう。

　この加奈ちゃんもできるだろうし，また学習も深まるんじゃないかと思うんですね。例えば，長方形をかいたときに，対角線を引いて，図で示してやって，言葉で説明してやる。そうですね，サブで入った場合には，そうしたらよいと思います」と。

　学校ケースメソッドでは，ケースの内容を話し合い，どのように対処するべきかということを考えていきますが，その際に，しばしば教師自身が見たり，聞いたり，あるいは自ら実践したりしている類似の教育実践に基づく発言や提案がなされることも珍しくありません。今回も，そのような展開となりました。

　しかし，そのような経験を交流するだけでは，研修にはなりません。参加者全員で知恵を振り絞っても，わからないこともあります。教育は，マニュアルで対処できるような単純なものではなく，複雑なものであるということをわかってもらうためにも，「もっとしっかり学ばなければ……」という経験をしてほしいのです。

　そのために，加奈ちゃんが「とりかかりが遅い」という点に目を向けさせ，学習指導案の「T2の活動と留意点」の2の「作業が苦手な児童への個別支援」の際に，みんなに遅れないように支援する必要性を話しました。

　そして，最後に，「全体の授業について，ビジュアル派にも入っていきやすいようにするには，どうしたらよいでしょうか？」と問いかけたところ，複数の教師から「Ⓐビジュアル，Ⓑプロジェクター，Ⓒパソコンを使って」という声があがりました。それで，多くの子どもがつまずきやすい単元では，"やって学ぶ＋見て学ぶ＋言語で学ぶ"という多様で豊かな学習活動を組み込むことが望ましい，という話をして【設問2】を終えました。

☆学校ケースメソッドをもっと深めたい人
【課題】この進行役は，第2章-1の5の「全体討論：設問2」の留意事項のどれを満たしていますか，どれを満たしていないですか？

第2章-8

全体討論：保護者との連携の仕方

1 ● バイパス法にも目を向ける

【設問2】でおよそ35分を要しました。時計の針は，午後4時55分。何とか10分程度で【設問3】を終えなければなりません。

保護者が学力向上策としてイメージするのは，一般にはドリル学習であり，直接的指導法でしょう。とすれば，全体討論の時間的な延長も10分程度と限られていますから，直接的指導法は取り上げないで，バイパス的方法に目を向けてほしいと願って，次のように問いかけました。

「最後は【設問3】の指導のあり方です。保護者に対してはどうするか，ということです。これも自由に発言をお願いします。（【設問1】と【設問2】にかかわる板書内容を振り返ったあと）特にこのケースでは，誤答分析をせよという意見が多くなりがちです。

でも，得意なことを生かすには，親はどうすべきかということにも目を向けてください。先生方ならば，加奈ちゃんの保護者に対してどのような助言をしたり，連携をとったりしますか？」

（読者のみなさんが指名された場合，どのような発言をしますか？）

しばらくの間，沈黙が続いたので，「親は，本屋さんでワークを買ってきたり，誤答分析をしたりするかもしれません。でも，もうちょっと，加奈ちゃんの得意なことを生かしたいです。先生方は，そのためにどうすればよいでしょうか？」と問い直すと，「お姉ちゃんとあまり比較しないように」という発言がありました。事前に設問を書いたプリントを見ていたので，当然出てくるだろうと予想していた発言です。

2 ● 若手の発言がきっかけとなって

それで，「他人にはそう言えるのですが，なかなか自分の子どもには言えない。私のと

ころも同じです」と言って先生方の笑いをとっていると，意外にも日ごろは聞き役に徹していた幅田先生から，次のような提案がなされたのです。
「加奈ちゃんのよいところを認め，"明るくて，素直で，優しいということはよいところだよ"と素直に認めてあげる。そのうえで，できたことを誉めて，『一緒にがんばっていこうね』と言うことを，家庭でも親にしてほしいと勧めたほうがよいと思います」と。
平凡な発言ですが，まず発言することが学校ケースメソッドの出発点です。そこから次の発言がつながっていくということもあるからです。
私としては，幅田先生の発言をフォローしたかったのですが，ちょっと抽象的すぎます。それで，「なるほど，そうですね」と認めたあと，「塾や通信教材は？」と方向を変えた問いかけをしました。すると，別の先生から「それもよいけれど，加奈ちゃんを追い込んだらアカンっていうことです。指示されるのは嫌いですから，ほんとうは，通信教材を子どもは望んでいません」との発言がありました。

❸ より具体的で説得力ある提案に

やや袋小路に入りかけたので，苦しまぎれに，「強みが弱みになるということもあるんですね。優しい，思いやりもあるということは，また弱みや欠点にもなるのです。問題点に目を向けるより，得意なこととか好きなことを生かすとすれば，どうすればよろしいでしょうか？」と問いかけました。すると，山中先生から次のような発言がありました。
「僕が思うのは，やはり比べられることによって，嫌いなものがいっそう嫌いになっているのじゃないかな，ということです。比べられなければ，すごく明るく，優しいのですが，この子は，比べないことによって，また子どものよさを認めることによって，学習を進めるという前提，姿勢で学習を進めて，やっていこうとすると，この子どもは乗ってくる可能性はあるのではないでしょうか。だから，まず，比べない，子どものよさを認める。そういう姿勢を学校が示す，もちろん一気にやるのではないけれども，いまのレベルにあった問題からやっていく必要があるのではないかなと思います」
そして，ケースの冒頭で取り上げられている加奈の通知票の文章記述「そのよさを伸ばしてくださいね」を読み上げたあと，「学校側も一緒になってやっていこうということが大切だと思います。学校側と十分連絡がとれていたら，算数の成績で1を取ってきたときに，この親は驚くこともなかったと思うのです。そうでないから，さあ算数が1だ，やれ塾だ通信教材だというふうになっていったのだろうと思います」と続けました。
ここに小集団での話し合いを受けて，全体討論におけるさまざまな意見のつながりが見られるように思います。幅田先生の抽象的な提案も山中先生のお陰で，より具体的になり，説得力を伴った連携のための提案となったのではないでしょうか。

4 とりかかりの遅い子どもへの対処法

　山中先生のまとめを引き継いで，私から，「とりかかりが遅い子どもには，どうしたらよろしいでしょうか？　スモールステップが駄目って言っているんじゃないですよ。よさを生かすこととの両輪でいきましょう，ということです」と述べました。そして，【設問3】に関する板書内容（比べない，よさを認める，親もついて……）を確認したあと，とりかかりの遅い子どもをどうすべきかを尋ねたところ，「図工でもそうなのかな。自分からやらなければならないと思うことは，早くできるのかな。そうでもないかもしれない」という発言が出てきました。

　そこで，「世の中，好きなことばかりではやっていけませんよね。そこで，先生方から『こうやってみたら，どうですか』という提案をお願いしたいのです」と切り返すと，「問題集とか親と一緒にやろうと言っても，問題集自体を見るのも嫌だろう」という意見が複数出されました。なかには「算数は好きではないのですから，『親と一緒に』と言うのはやめたほうがよいです。親は，むしろ生活の中で算数を学ぶ意味づけを子どもにする必要があると思います」という注目すべき発言がありました。

　学びの意味づけについては，事前に読んだ【設問3】の答えにはありませんでした。みんなで知恵を絞って話し合う中から出てきたアイディアでしょう。

　それを受けて，私から次のようなまとめをしました。

　「そうですね。なるほどね，生活の中で。たしかに学校ではいちいちできないですね。学びの意味づけをやっていく。加奈ちゃんは，（板書で，中学年からは"やって学ぶ＋ビジュアルに学ぶ"という箇所を指して）ビジュアルは得意なんですが，4年生後半になったら苦しくなってきたんですよ。高学年にいったらもっと苦しい。中学になれば，もっともっと大変でしょう。何よりも，いまは自信をなくしてきています」と。

5 身近な子どもを思い浮かべる

　また，板書の誤答分析で"易から難へ"ということにもふれていると，「家でパソコンのゲーム機を使って，遊びをさせながら，ゲーム大会なんかをして……」という提案もあったのですが，多数の支持を得ることはできません。

　「加奈ちゃんは，何でもするのが遅いので，『早く顔洗いなさい，食事をして，歯を磨いて』などと母親が言うのは，一度やめて，その子がしないと何もしないという場面をつくる」という案も出されて，黒板に"自律"と書き，計画や時間を自分で管理することと結びつけたのですが，ほかの先生から「無理！」という冷たい一言。

　「そこを本気でしてほしいのですが，どうしてもその子は，抜けられないんで，それは無

第2章●学校ケースメソッドの進め方

理ではないかな」と言ったので，私から「この家はすぐに成績を上げたいので，即効性がないということ？」と問い直すと，「いえいえ，全然家庭が違うんです」というつけたし発言です。

この先生にとって，ケースの加奈ちゃんの話から自分の身近にいて，似たような子どもを思い浮かべて，その子どもへの対処を振り返って，加奈ちゃんの家庭との連携をどのようにするのかということを考えているのです。

学校ケースメソッドでは，このようなことがたびたび起こります。ケースの内容が，どこでも起こりうるような普遍的な問題を取り上げているということの証左でしょう。

☆学校ケースメソッドをもっと深めたい人
【課題】この進行役は，第2章-1の**5**の「全体討論：設問3」の留意事項のどれを満たしていますか，どれを満たしていないですか？

6 全体討論の終了

さて，5時10分ころになり，研修会の時間延長も限度になってきたので，【設問3】に伴って，ティーチング・ノートに掲載している子どもと保護者向けの勉強アンケートの紹介は取りやめにして，私から，次のようなまとめをして，学校ケースメソッドの研修会を終了しました。

「もう時間ですので，まとめに入りましょう。（板書を見て）すぐに出るのは『姉とは比べない』ということなのですが，それ以外にもいろんな提案が出ました。ゲームもパソコンもビジュアルも生かせるでしょう。たしかに，自律というのは大切ですよね。言葉がわかっているかというチェックも必要でしょうが，誤答分析はもちろん大切です。

ただし，【設問2】で言いましたように，教材によっては，工夫しだいで，加奈ちゃんのような子どもが浮かび上がるチャンスもあります。その子どもの好きなことや得意なことを生かしてというのもよいでしょう。そういうのは，ティームティーチングの場合，メインの先生より，むしろサブの先生がカバーするということでしょうね。それでは，時間が来ましたので，これで終わりたいと思います」

そして，学校ケースメソッドに参加していただいた先生方には，感想用紙を渡して，今回の研修会に関する思いを自由記述で書いていただきました。

第2章-9

研修会の感想を振り返って

1 ● このケースを選択した理由

本章では,「加奈ちゃんの算数力アップの秘策は?」のケースを題材に学校ケースメソッドの進め方はどのようになるのかということを描き出しました。

取り上げるケースによっては,小集団でカリキュラムづくりをして提案をしたり,ロールプレイングをしたり,多様な展開になります。したがって,ここに紹介した研修会が典型的な例とは言えませんが,次のような理由から,このケースを学校ケースメソッドの進め方を説明するための例証として選びました。

第1には,このケースが,これまで開発したケースのうちで最も多く使ってきたものであるということです。したがって,そこから私が経験的に学んだ事柄も多かったように思います。

第2には,ケースメソッドといえば,ともすれば,参加者に自由に討論させ,設問に対する答えもオープンエンドであるととらえられがちでした。しかし,私たちの"学校ケースメソッド"では,「算数・数学のつまずきの兆候」のチェックリストのように,ある程度の枠組をすえて討論を行い,解決の方向性を見いだすという方式もあります。このケースは,その好例となりうるのではないかと考えたからです。

2 ● 学校ケースメソッド参加者の感想

学校ケースメソッドの教員研修は,お試し期間中であった2007年3月から半年の間に10回以上は行いました。そして,研修会を終えたあと,毎回,参加者に感想を書いていただきましたが,ほとんどの場合,参加者から好意的な反響をいただいています。

今回の「加奈の算数力アップの秘策は?」の研修会後に参加者全員に書いていただいた感想を以下に掲載しておきます。

(a) 今回のワークショップを通して,教師も親も子どもの自信をなくさないようにする努力

(b) 個人―グループ―全体と進むにつれ，多様な見方を共有でき，とても参考になった。
(c) 算数力アップの秘訣とは，子どもの問題点を把握し，好きなことと長所を生かして解決していこうということだとわかった。
(d) 授業中の支援方法なども話し合う中で考えられて，さまざまな方法が出てよかった。
(e) 今回のケースについてもよくあるケースで，先生方の意見が参考にもなったが，ここ1つという解決策はないと思った。
(f) 子どものつまずきの原因を細かく分析して，個別指導の対策を練っていくことが必要だと再認識した。
(g) 私なら「こうしよう」「ああしよう」と考えられたので，突然のケースでなくなり，いろいろな対策で児童に迫ることができるので，よかった。
(h) 生活の中で「何のために学ぶのか」という学びの意味づけを，学校と家庭とで時間をかけて伝えていきたい。
(i) 本校の児童の中にもこのようなケースの子が見受けられるので，勉強になった。
(j) よく言われることであるが，個に応じた学習（指導）をしていくことが大切だとあらためて思った。
(k) まずは子どもに自信と満足感を与えるような教材を与えたり，言葉かけをしたりすることが必要でしょうね。
(l) 自信のなさを他教科で自信につなげていって，「私もできる」という意識から自信につなげたい。
(m) その子の長所や好きなところを生かして，授業に組み込むことを考えたい。

　本章をお読みいただいておわかりのように，学校ケースメソッドは，必ずしも進行役の思惑どおりに進んでいくわけではありません。多少ジグザグの道を歩みながら，参加している先生方もケースの内容に入り込んで考えるだけでなく，わが身にも引き寄せて，それぞれの状況とニーズにそって考えるようになっていきます。そして，今回の研修だけでなく，本書で紹介しているほかのケースにおいても，研修会後の感想も比較的好意的なものが多かったように思います。

　本章の冒頭に述べましたように，この「加奈ちゃんの算数力アップの秘策は？」の研修会は，特定の学校で行われた研修会の様子を基軸にするものの，必ずしもすべての内容がその学校の研修会で起こったわけではありません。もちろん登場人物も仮名です。そのことをいま一度お断りしておきたいと思います。

　なお，最後に「加奈ちゃんの算数力アップの秘策は？」のティーチング・ノートを掲載しておきます。

ティーチング・ノート
加奈の算数力アップの秘策は？
安藤輝次

（1） ケースの要約

　小学校4年3学期の加奈の通知票で図工や音楽は3だが，算数が1となって，これまで算数や国語の宿題を見てきた母親はガックリ。父親は，算数の保護者参観に行ったとき，加奈が授業で挙手しなかったので，その理由を尋ねると，「自信がないから」と答えたことを思い出し，「これじゃ，中学に上がってから，受験勉強に苦労するかも……」と危惧した。

　それで春休みに，加奈は，母親から塾か通信教材か，どちらかをするように迫られて，5年の1学期から通信教材をやることにした。しかし，優秀な姉と違って，とりかかりが遅い。やり始めてもダラダラする。母親が加奈に「図工が好き？」と尋ねると，「図工でもあれこれ指示されてするのは嫌い」との返事。九九の暗記も人より時間がかかるし，文章題で5×3の九九を思い出せない。

　担任の高野先生は，母親から前述のような心配ごとを聞いたが，そういえば，誰にも優しいというよい面はあるけれども，算数には苦手意識があり，給食を食べるのも遅いようだと気づいた。そのようなとき，指導主事訪問でサブの三田先生と一緒に算数のティーム・ティーチングの授業をすることになったので，高野先生は，これを機会に，加奈に自信をつけさせたいと思った。しかし，学習指導案づくりの中で「加奈をどのように生かすのか」という難題に直面して困っている。

（2） 研修対象

　小学校算数の少人数指導で使うケースです。ケースの最後に算数の学習指導案の一部が掲載されています。原理的には，軽度発達障害の子どもの指導にも使える内容になっています。

（3） ケースの目標と準備物

　学業不振の子どもへの対処法に焦点化したA3判裏表1枚（裏に設問を記す）のケースを載せたプリントが必要です。なお，裏面の設問では，参加者一人一人の回答だけでなく小集団での話し合いを通した個人的な変容もメモすることができるようにしています。

　ケースに関する討論を通した達成目標は，次のとおりです。

① ケースに登場する算数の苦手な子どもには，どのような問題点，好きなこと，強みがあるのかということがわかる。
② ビジュアル的な学習スタイル傾向のある子どもに対する，算数の少人数指導における指導法を提案する。
③ 自信を失った子どもを保護者が支援するための方策を列挙することができる。

（4） ケースの設問とキーワード

このケースでは，設問が3つ，キーワードは12設定しているが，とりわけ，バイパス法，兄弟姉妹の比較，誤答分析，3種類の学び，などが重要です。

【設問1】加奈ちゃんの問題点，好きなこと，強みをそれぞれ列挙しなさい。

【設問2】加奈ちゃんの算数の力を伸ばすために教師がやるべきことは何ですか。できるだけたくさんあげなさい。

【設問3】加奈ちゃんの保護者とは，これからどのような連携をとっていくべきでしょうか。

> キーワード：
> 　自信，算数，少人数指導，バイパス法，兄弟姉妹との比較，スローペース，親切，机間指導，誤答分析，3種類の学び，説明責任，連絡帳

（5） 分　析

①ケースの背景

算数や国語の授業でティームティーチングを使った少人数指導が行われています。このケースは，親が娘の算数の成績不振に驚き，小学5年から通信教材を行わせ，担任の高野先生にも娘に対する指導・支援を求めたというエピソードに端を発していますが，教師は，学校における子どもたちに関心を抱くものの，ともすれば家庭における子どもの状況についてまで考えを及ぼすことが少ない傾向があります。

また，このような子どもに対しては，どこでつまずき，どのように対処するべきかという「直接的な指導」に目を向けがちですが，もう1つの方法として，その子どもの強みや好きなことを利用して算数の成績不振という問題解決に迫ろうという"バイパス法"も使うほうが，教育効果は高まるでしょう。

少人数指導は，習熟度別に分けて指導することと同じではありません。第1に，一人一人の子どもの学びの特性をとらえて，彼らが活躍できるような学習経験を算数の少人数指導の授業で提供して，自信をつけさせたい。第2に，子どもがつまずきやすい単元では，読む，見る，やるという多様な学習活動を行う機会を提供すべきであるということが，こ

のケース教材で力説したい点です。

②中心となる用語や概念
【算数・数学のつまずきやすい単元】

　大場尚博氏（京都市総合教育センター）が中心となって行われた調査研究「子どもたちが意欲的に取り組む算数・数学教育の在り方Ⅱ」（F301　報告509）では，小学校算数と中学校数学におけるつまずきやすい単元を紹介しています[4]（http://www.edu.city.kyoto.jp/sogokyoiku/kenkyu/outlines/h18/pdf/509.pdf#search）。一般化して言えば，次ページに記した【3種類の学び】を学級全体の授業で展開し，それでもできない子どもには，【直接的指導法やバイパス法】でコーチングすることをお勧めします。

【誤答分析】

　教師や子どもがテスト等で間違えた問題を検討して，どこでなぜ間違い，どのように導くかということを明らかにし，次回からは同じ間違いを繰り返さないようにするもの。

```
〈表40〉　J君がつまずいた文章題
１　１kmの道のりを歩いて１５分間かかる人が，このわりあいで３km歩くと，およそどれだけかかりますか。
                                    (a)
                                    (b)
　　　　J君の式　３×１５＝４５
　　　　　　　Ａ　４５km
　　　　　　　　　　　　（正解　４５分間）

つまずいた問題点
　a）このわりあいという意味がわからなかった。
　b）答が何をきいているか理解していない。

２　生とが１５人ずつ４列にならんでいます。こんどは３列にならべかえると１列は何人ずつになるでしょうか。
                    (イ)              (ロ)
　　　　J君の式　１５×３＝４５
　　　　　　　Ａ　４５人
　　　　　　　　　　　　（正解　２０人）

つまずいた問題点
　イ）並べ換えるという意味がわからなかった。
　ロ）問題全体がなにを求めているか理解していない。
```

　小児科医で学業不振の子どもの学習相談に応じてきた佐野良五郎氏によれば，算数の文章題につまずくのは小学3年生からであると指摘しています。例えば，J君がつまずいた文章題①の誤答は，問題が何かをつかんでいない例，文章題②の誤答は，「並べかえる」という意味がわかっていないだけでなく，何を問うている問題かわかっていないと分析します。そして，次の6点に留意した指導法を講じています。

　Ⓐまず，何が求められているかを考える。
　Ⓑ問題の文章を，条件と問いの2部分に分ける習慣をつける。
　Ⓒ文章を図式化する。次に，その中から求める部分を見つけ，方針を立てる。
　Ⓓ方針が立ったら，式を組み立てる。
　Ⓔ計算を正確にし，答えを出す。
　Ⓕ問題の求めと解答が一致しているか，熟考するくせをつける。

〈佐野良五郎『新版　学業不振児』佼成出版社，1986年，214-216頁〉

【習熟度別指導】

　習熟度別指導は，1988年に告示された中学校学習指導要領「総則」で示された「指導計画の作成等に当たって配慮すべき事項」の中で「各教科等の指導に当たっては，学習内容を確実に身に付けることができるよう，生徒の実態等に応じ，学習内容の習熟の程度に応じた指導など個に応じた指導方法の工夫改善に努めること」と記されたことに始まります。

　そして，小学校の習熟度別指導は，2002年1月，遠山敦子文部科学大臣の「確かな学力の向上のための2002アピール　学びのすすめ」の中で「少人数授業・習熟度別指導など，個に応じたきめ細かな指導の実施を推進し，基礎・基本の確実な定着や自ら学び自ら考える力の育成」が強調され，2003年12月の学習指導要領の一部改正において，小学校学習指導要領にも「学習内容の習熟の程度に応じた指導」が含められるようになりました。

　これによって小・中学校とも算数・数学，英語，国語，理科などの授業において，習熟度別指導が行われ，その実施のための学級人数を30人以下にしようとする少人数学級が組織されるようになりました。

【少人数指導】

　従来のような学級での一斉指導ではなく，習熟度別や課題選択制など少人数に分けて指導すること。少人数指導は，1つのクラスの中で行う場合もあれば，学年で取り組むこともあります（日本教育方法学会編『現代教育方法事典』図書文化，2004年）。また，子どもの学力差があまりない学校や子どもの学力をテストだけでとらえない学校では，学級規模を縮小した少人数指導を行っているところもあります。

　なお，アメリカでも少人数指導を行っていますが，その際には，一人一人の子どもの学習スタイルに着目し，最適な学習活動をさせる方途とする場合が多く見られます。本書で取り上げたケースでは，習熟度別に指導するだけでなく，子どもの強みを生かしたバイパス法による学力不振の解決策も考えてほしいと思います。

【3種類の学び】

　小学生の子どもの学びは，次のように発達していきます。

　　低学年＝①行動
　　中学年＝①行動＋②観察
　　高学年＝①行動＋②観察＋③言語

　行動は「やってみる」，観察は「見たり，ビジュアル」，言語は「記号を使ったり，文字を読んだり，書く」とも言ってよいのですが，高学年になると，抽象的な内容も多くなり，ともすれば③の言語的な学びに偏りがちです。

　しかし，小学校高学年以降の子どもは，①②③の3種類の学び方を重層的に重ねなければ，ものごとを深く，実感を伴ってわかるようにはなりません。中学生や高校生，そして，

私たち大人も同じですが、このような3種類の学びを重ねることによって、ものごとの"重層的理解"ができるようになります。とりわけ、各教科におけるつまずきやすい単元については、①②③を含めた学習活動を盛り込んで、このような重層的な理解を促さなければなりません。ここに単元に軽重をつける"カリキュラム"という考え方が生かされるのです。

【直接的指導法とバイパス法】

非営利団体の「全種類マインド（All Kinds of Minds）」が理論的基礎とする、ノースカロライナ大学チャペルヒル校医学部教授のレヴィン（Levin, M.）による指導法。

直接的指導法とは、誤答分析のように、どこに子どもの学びのつまずきがあるのか、どこからわからなくなったのかということを突きとめ、そこからステップ・バイ・ステップで易から難へ学ばせていく方法です。またバイパス法とは、子どもの強みや好きなことに着目し、それを梃子に不得手な学習と結びつけて学力を伸ばそうという方法です。例えば、算数は苦手ですが、動物は好きという子どもは、近隣の獣医からどのように算数を使って仕事をしているかという話をしてもらったり、町内の犬の数と分布状況を調べて、グラフにする実践などがあります。

【算数・数学のつまずきの原因】

レヴィンによれば、数で考えることは、下図のような構成要因からなると言います。

「加奈の算数力アップの秘策は？」のケースでは、ティーチング・ノートの巻末に掲載

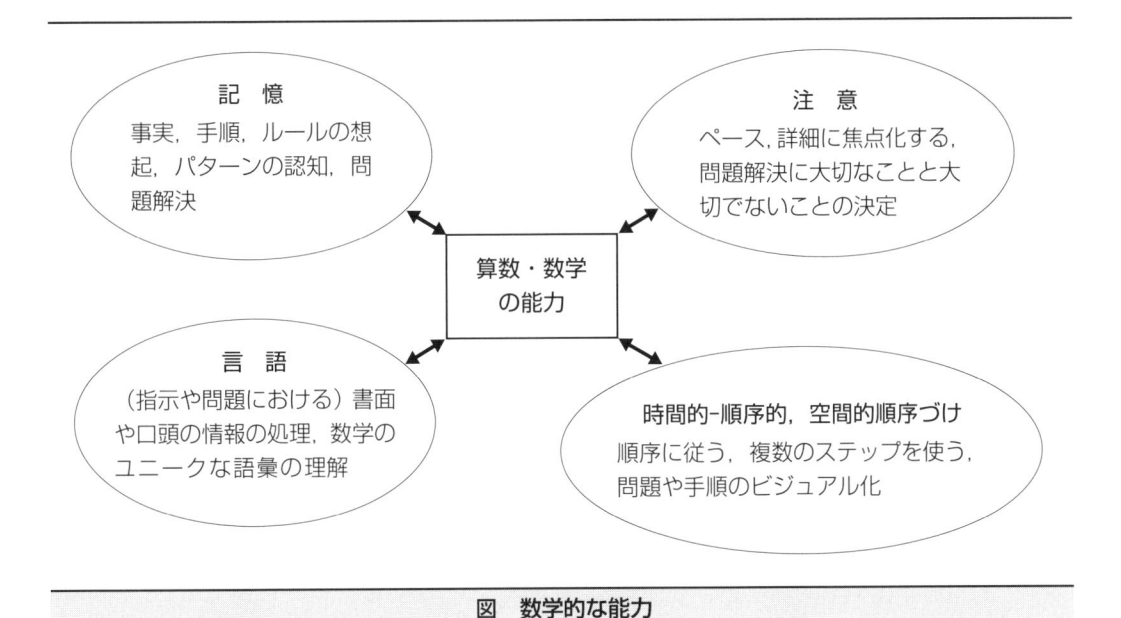

```
        記 憶                              注 意
   事実、手順、ルールの想           ペース、詳細に焦点化する、
   起、パターンの認知、問           問題解決に大切なことと大
   題解決                           切でないことの決定

                    ┌─────────┐
                    │ 算数・数学 │
                    │ の能力     │
                    └─────────┘

        言 語                        時間的-順序的、空間的順序づけ
   （指示や問題における）書面       順序に従う、複数のステップを使う、
   や口頭の情報の処理、数学の       問題や手順のビジュアル化
   ユニークな語彙の理解
```

図　数学的な能力

⟨All Kinds of Minds, *Thinking with Numbers* [DVD video overview], WGBH Boston Video, 2007, p.5. p.6⟩

したレヴィンによる「算数・数学のつまずきの兆候」(98頁)の項目を援用して, 加奈の学びの問題を発見し, 打開策を探る手がかりとしています。そして, 算数・数学のテスト結果がよいとか悪いとかは, 外面に表れた現象であり, そこで右往左往してはならないのであり, その根底にある神経発達的な機能不全がどこにあるのか, ということを突きとめなければ, 学力不振は解消されないと主張しています。

③おもな質問や争点

質問1：ケースの冒頭に出てくる通知票は, 3段階ですか, 5段階ですか？

2002年改訂の指導要録からは, 小学校は（低学年を除いて）3段階, 中学校は5段階となりました。加奈は, 小学4年生ですから, 3段階の評定です。現在は, 目標準拠評価（いわゆる絶対評価）ですから, 加奈の算数が3段階中の1ということは, かなり低いと言わねばなりません。

質問2：ケース教材の最後にある学習指導案は, 実際に使われたものですか？

いいえ, 実際には, もっと長い学習指導案ですが, その前半部分を切り取って, しかも焦点化したい点に参加者の目が向くように少し手を加えています。

学校ケースメソッドで参加者に注目していただきたいのは, 学習指導案（67頁）の右から2番目の欄のT2の「作業が苦手な児童への個別支援をする」「できた三角形を並べたり, 重ねたりして調べさせる」「机間指導しながら支援の必要な児童には補足説明をし, 理解を促す」というところです。

ここで, サブの教員は, とりかかりの遅い加奈ちゃんの側にいて, みんなに遅れないで作業をするように支援する必要があります。

質問3：ケースの学級は, 習熟度別指導をしている学級ですか？

いいえ, 算数の習熟度別に分けた学級ではなく, 1つの学級をメインの高野先生とサブの三田先生の2人の教員で指導する少人数指導を採用しています。

争点1：加奈には強みはあまり見られないのではないでしょうか？

いいえ。学校の教師は, ともすれば, 学力不振の子どもの誤答などつまずきを見つけて, ステップ・バイ・ステップで少しずつ学ばせていこうとする傾向があります。しかし, 加奈にも次頁（6）の②【設問1】で例示しているように, 多くの強みがあります。そこに着目して学力不振の打開策を練るようにしてください。

このようなアプローチの仕方は, メル・レヴィンが採用しているものですが, わが国の特別支援教育でも使われるようになっています。実は, レヴィンは当初, 軽度発達障害の子どもの学習相談と治療から出発し, 最近ではグレーゾーンと呼ばれる普通学級の子どもも対象にこの方法を適用しています。強みを使うという発言は出てくるかもしれませんが,

「では，加奈ちゃんのケースでどうすればよいのか，具体的な方法を提案してください」と切り返すと，案外答えられない場合が多いように思います。

（6） 指導方法
①基本的な進め方
　研修数日前までにケースをＡ３判裏表に印刷し，参加者に配布して，事前に設問について自分なりの答えを書いておくように指示してください。また，研修開始までに参加者が設問に回答した用紙を回収し，1部ずつコピーして，全体の意見や提案の傾向を把握しておくことをお勧めします。なお，小集団学習のためのメンバー編成をしておいて，話し合うための部屋または教室を確保してください。

　研修開始直後に参加者に回収したプリントを返却するとともに，今日の研修の進め方について次のように簡単に説明します。
- 30分程度の小集団による話し合い。
- 小集団のグルーピングと割り当てた部屋または教室を発表し，それぞれの小集団の話し合いで納得したり，自分の考えに組み込んだりした事柄については，設問の下線の下に記すこと。
- その後，60分程度の全体討論。（開始時間を明示すること）

②各設問とその回答例
　全体討論については，【設問1】から順に参加者から意見を出してもらい，△のように事実認識における明らかな間違いを除いてすべて板書に記してください。ケースライターとしては，◎のような意見を期待していますが，討論の進み具体によっては，○から意外な展開となり，妙案が出ることもあるでしょう。全体討論の進行役に都合のよい意見だけを取り上げると，参加者は進行役の顔色を伺って，自由で率直的な意見交換が出てきませんから，進行役は，受容的な態度が大切です。巻末の「算数・数学のつまずきの兆候」の資料は，【設問1】で加奈の問題点として的確なものが出てこないときに配布して補足説明してください。

【設問1】加奈ちゃんの問題点，好きなこと，強みをそれぞれ列挙しなさい。
　この問いに対する答えは，ケースをしっかり読めば，簡単にわかります。これまでの研修では，次のような回答がありました。なお，問題点の「スローテンポ」と強みの「おっとりしている」は，同じことでも見方を変えれば，強みにもなり，短所にもなるということに気づかせてください。

問　題　点	好きなこと	強　み
◎算数の学力不振→自信がない→文章題で九九が使えない ◎記憶力が悪い→九九の暗記 ○一人で自学できない ○消極的 ○集中力がきれる ○指示されるのが嫌い ◎とりかかりが遅い（スローテンポ）	○図工（絵本づくり） ○音楽（ピアノ） ○好きなことを自由にする→創造的なこと	○誰にでも優しい ○明るくて友達に好かれる ◎おっとりしている ○控え目で慎重

【設問２】加奈ちゃんの算数の力を伸ばすために教師がやるべきことは何ですか。できるだけたくさんあげなさい。

　教師の対処法には，誤答分析をして，間違いの原因を突きとめ，間違わないようにする"直接的指導法"と，その子どもの強み（例えば，加奈の場合にはビジュアル的な思考が得意）や好きなことを活用して，苦手な事柄を克服させる"バイパス法"の２つがあります。例えば，次のような提案が出されるかもしれません。明らかに文章読解上の間違い以外は，すべて取り上げて，（できれば提案者の名前も添えて）板書してください。

直接的指導法	バイパス法
○５年生までの算数の学力の程度を調べる。 ◎４年生の算数が１になった原因またはつまずきの原因を明らかにする。 ◎能力に応じたやさしい問題をやらせて，自信をもたせる。→スモールステップを組む。 ◎問題量を減らして，集中力を失わないようにする。 ◎むずかしい言葉をやさしくする。	◎図形や具体物を使って，目に見える形で指導をする。 ◎文章を図示したり，させたりして，意味を理解させる。 ◎少人数指導で，みんなで作業等をするとき，とりかかりの遅い子どもをサブの教師が支援する。
そ　の　他	
△自信をもたせる。やる気を出させる。根気をつける。 △間違えても恥ずかしくないことを伝える。 △基礎基本をしっかり身につけさせる。 △努力することが大切であると説明する。	

【設問３】加奈ちゃんの保護者とは，これからどのような連携をとっていくべきでしょうか。

　教師は，加奈の算数力アップのために保護者に対してどのような提案をするのかということですが，学校での教師の指導と同様，直接的指導だけでなく加奈の得意なことや好き

なことを生かしたバイパス法も提案するように討論を導いてください。

◎姉と比較しない。
○つまずきの原因を伝えたあと，家庭で毎日，算数の文章題を繰り返し解く。
◎親を安心させる　→連絡帳で，算数だけでなくほかのことでも，学校でできるようになったことを伝える。
○連絡帳で学校と家庭での学びについて情報交換する。
◎自律性を養う　→家庭でできるような仕事（食事の片付けや家庭学習など）をさせる。
◎学びの意味づけ　→身近な事柄で算数が必要なときに，それとなくふれる。
○苦手なことから逃げないで，「がんばろうね」と励ますようにする。
◎父親に学校行事に積極的に参加してもらって，学校に対する理解を促す。

なお，宮崎県のスーパーティーチャーの菜住祐子教諭（宮崎市立小戸小学校）は，ティーチング・ノートの巻末のような子どもと保護者向けのアンケートを実施しています。従来にも子ども向けの勉強のあり方を振り返って，これからどうすべきかということを考えさせるアンケートはありましたが，このアンケートでは，保護者まで巻き込んで，自分の子どものことを考えてもらい，教師の指導や連携の一助としている点が今日的な実践といえるでしょう。

③討論のまとめ

このケースでは，【設問2】から【設問3】に進んでいきますが，【設問3】を話し合っている間でも，図示をするというようなことは，家庭でもできます。その際には，【設問2】に立ち戻ってもかまいません。このように両方の設問を関連づけて（どちらかというと直接的方法とテスト結果にばかり目が向きがちですが），加奈の学習スタイルがビジュアル的である点に着目して，バイパス法による家庭での支援の必要性を訴えて討論を終わってください。もう一度繰り返しますが，直接的指導法だけでなくバイパス法にも目を向けて，加奈のケースでは，どのような手だてを打つことが有効かということを考える必要性を訴えて終わることです。

（7）　参考文献

(1) 佐野良五郎『新版　学業不振児』佼成出版社，1986年
(2) 日本教育方法学会編『現代教育方法事典』図書文化，2004年
(3) All Kinds of Minds, *Thinking with Numbers* ［*DVD video overview*］, WGBH Boston Video, 2007
(4) 大場尚博　他「子どもたちが意欲的に取り組む算数・数学教育の在り方Ⅱ」（F301　報告509）京都市総合教育センター，2006年

チェックリスト

このケース教材で該当する番号に○を付けなさい。

算数・数学のつまずきの兆候	
記　憶 1．加除など基礎的な算数・数学の手順やルールや公式を思い出せない。 2．前に習ったパターンを思い出せない。どの問題も違うように見える。 3．算数・数学の問題を解いている過程について忘れる。	**注　意** 8．算数・数学の問題をしているときに注意散漫であり，モジモジする。 9．算数・数学の問題をやっている最中に自分の位置を見失う。 10．算数・数学をしていると精神的に疲れて，疲労感が強くあるようだ。
言　語 4．算数・数学で使う用語がわからない。 5．言葉の問題で混乱している。 6．無関係な情報が入っていて，順序がいつ変になっているのかわからない。 7．抽象的な用語の学習ができていない。	**時間的－順序的，空間的順序づけ** 11．複数のステップの手順で学習すると，混乱する。 12．問題解決で使われるステップの順序づけがなかなかできない。 13．算数・数学の可視化の面で問題がある。

アンケート

勉強についてのアンケート 5の1 番（ ）

このアンケートは、あなたの家での学習のしかたを、お家の人とあなたと先生とで、よりよいあなたの成長につなげていくためのものです。答えるときは、一切関係ありませんから、素直にこたえて下さい。

1. 今のところの家での勉強について、あてはまるものに◯をつけて下さい。

   ア. 十分がんばっている　イ. がんばっている　ウ. ふつうぐらいだ　エ. 少ない
   オ. 順調だ　カ. 今のやり方でよいと思う　キ. 今のやり方はよくないと思う
   ク. もっと時間が足りない　ケ. やり方を変えた方がよい　コ. 何が変えた方が
   　　　　　　　　　　　　　　　　　　　　　　　　　　　　よいかわからない

2. あなたは、何か目標や めあてを もって勉強していますか。◯をして下さい。

   ア. 自分なりにもっている　イ. 時にもたない　ウ. 何ももたない

   ここに◯をした人は、
   あなたの目標やめあてを書いて下さい。
   （　　　　　　　　　　　　　　　　　　　　　　　　　　　　）

   ↑時にもたない分類にも、こたえた人
   あなたは、どんなときから、めあてをもてるこというか、今の気持ちに近い月日に◯をしてください。

   5年10月（現在）、11月、12月、冬休み、1月、2月、3月、春休み、6年

3. あなたは、家での勉強のしかたや、成せきのあげ方を、先生と話をしてほしいですか。あてはまるものに◯をして下さい。

   ア. 話をしてほしい　　イ. 今は まだしなくてもよいけれど、
   　　　　　　　　　　　　　していずれのうちにほしい
   ウ. 時に、今がそろはしなくてよい　エ. 12月ぐらい　オ. 1月や2月にしてほしい

   ここで、「ア」を選択してみたい
   あてはまるものに◯をつけてください。

   勉強のしかた　勉強の中味について　勉強の量について
   時間について（ふやす、へらす、ほかの一）
   勉強する時間帯について
   「3、2、1」をふやす方法について
   5の1で上位に入る勉強のしかた
   教室がよくなるような勉強のしかた
   国語が
   社会が
   理科が

   あなたは、いろいろ あせて（あせって）ですが、
   　・早めがよい　◯いつでも◯（いつがよいですか）
   　・10日ぐらい
   　・何時でもよい　　参考に　（家族がいない時がよい）

) 1回目 (10/)、2回目 (/)、3回目 (/)

第3章

学校ケースメソッド教材集

第3章－1

自分なりの討論プランをつくろう

1 討論指導法はマニュアル化できない

　いまや世の中は，マニュアル時代。コンビニに行ってもファーストフードに行っても，店員は，判で押したように同じ言葉・同じ対応でお客さんに接します。

　そのことを桂文珍さんが「マニュアル時代」と題する創作落語（『桂文珍10夜連続独演会　第5夜』よしもとアール・アンド・シー，2008年）の中で風刺しています。例えば，次のような奇妙なやりとりになるといいます。（　）は，お客さんの思いです。

ファミリーレストランに入ったとき
店員：いらっしゃいやせぇ～　お一人ですかぁ？
　客：（？？？……二人に見えますか！）
店員：おタバコ吸われますかぁ？
　客：はい，吸います。
店員：こちらへどうぞぉ～
　客：すいません。
店員：どっちなんですかぁ～？
　オーダーを取るときも
店員：ご注文を繰り返しまぁ～す。
　客：（覚えてくださぁ～い……）
　そして，レジの前で
店員：カレーライス1点。合計850円頂戴しまぁーす。1万円"から"お預かりしまぁ～す。
　客：（お金を出したのは，おいおいワシからやろ）

　文珍さんは，この落語を通して，人に接する際にマニュアルに頼りすぎると，心が込もっていない，相手の真意をとらえられない，日本語を正確に使えなくなる，と批判します。

　学校ケースメソッドにおける全体討論でも，同じことが言えます。つまり，進行役が，ティーチング・ノートとそこから転記した討論プランを絶対視し，それに頼りすぎると，

参加者にとって白々しい話し合いになり，生き生きした討論を生み出すことはできません。

2 全体討論の目的を再確認せよ

　学校ケースメソッドは，参加者が一人でケースを読んで設問に答え，小集団で話し合って，偏った見方を修正したり，自らの論拠に自信を得たりして全体討論に臨みます。そして，全体討論では，参加者が自由に意見を述べ合い，さらに多様な考え方にふれ，対立もあるでしょうから，自らの発言の論拠を確かめながら，ものごとを深く考えるようになります。それが全体討論の目的であり，その目的達成のための触媒となるのが進行役です。

　したがって，進行役は，特定の参加者に肩入れをしたり，参加者の発言を受けたりして，事前に用意した関連したカードを黒板に貼っていくようなことは避けなければなりません。それでは，参加者は，進行役の顔色を伺うようになるからです。

　進行役は，できるだけ多くの参加者が発言できるように努め，みんなが発言しやすいリラックスした雰囲気をつくるようにしなければなりません。また，参加者の言っている言葉だけでなくボディランゲージも読み取って，その真意を汲み取ることも必要です。

3 半構造化したマニュアルが討論プランである

　全体討論では，このような複雑なやりとりとなりますから，「ああ言えば，こうなる」というようにしっかりと構造化された進行役向けのマニュアルはありません。他方，進行役は，出たとこ勝負で，全体討論に臨むのでしょうか。それでは，間違いなく失敗します。

　結論から言えば，進行役は，自由放任で討論に臨むこと，そして，厳格に手順を決めて討論を進めることの中間の道を歩むこと。つまり，半構造化したマニュアルである討論プランを活用するということをお勧めします。そのための手順は，次のようなものです。

① 進行役が取り上げたいケースのティーチング・ノートを十分に読み込み，そこからこれは押さえたいという点を討論ノートに書き出す。

② 個人学習において，参加者の設問に対する回答が，進行役にとって予想外であったり，新たな気づきがあったりした場合には，事前に用意した討論プランを修正する。

③ 実際の全体討論では，修正された討論プランにあまり頼りすぎないで，参加者の反応を見ながら，自由自在に展開する。

　本章からケースを選び出し，そのティーチング・ノートを使って，①から③の手順を守って，討論プランを十分活用してください。進行役のあなた自身だけでなく，参加者となった先生方も一緒に教師としての力量がより高まっていくことを願っています。

※なお，ケースの中の固有名詞は仮名であり，実話をそのまま描いたものではありません。

討論プランフォーマット

[　　　　　　　　　　] 全体討論プラン

目　標

準備物：

キーワード等	進　行　役	参　加　者

第3章−2

概念的理解：
成績も意欲もデフレ・スパイラル

「遅刻もなく，宿題もきちっとしています。私の授業も熱心に聞いていますが，いまひとつ成績が伸びませんね」

「コツコツ型の子どもで，定期テスト前は，英単語や漢字は絶対に間違わないように何度も何度も書いて覚えているんですけれど，どうしてでしょうか。これじゃ，成績は下がる一方です。よい勉強の仕方を教えてくださいませんか？」

岡田先生と母親の話を聞いて，由紀は，"だって，頭が悪いもん！"と心の中でつぶやいた。中学3年1学期末の三者懇談会のときのことである。

それから，どのような話になったのか，由紀は，覚えていない。"どうして，このようになってしまったのか……"という想いが頭の中をめぐっていたからである。

小学校の成績は，とてもよかった。算数の計算は，塾のお陰で抜群！　漢字テストも常に90点以上。そして，母もいまのように「どうしてでしょうか？」という突き放した言い方ではなかった。私につきっきりで，勉強を見てくれていた。

> よい勉強の仕方を教えてくださいませんか

> やってもどうせ駄目。小学校はよかった…勉強キライ！

> だって，頭が悪いんだもん

中学校に入っても，教科書ガイドに助けられて，まあまあの成績。英単語はカタカナで教科書に書き込み，用語の意味もわかっていた。社会は色シートで重要語句をバッチリ覚えた。ただ国語や社会で討論をする授業は，嫌だった。歴史における政治制度の違いにもたいして興味がなかった。数学であれこれ解き方を考える授業も大嫌い。総合的な学習の長いレポートも締切りを過ぎてもなかなか書けないので，先生によく叱られたっけ……。

たしかに，小学校のころはいまほど"お馬鹿さん"じゃなかった。岡田先生が示している通知票には，国語の「現代文の文脈把握ができない」とあるように，比喩とか類推とかはっきりしないことを問う問題は苦手。英語の単語の発音やアクセントはほとんど正解のはずだけど，長文読解の出来が悪い。日本と韓国や中国との間の歴史的事件の意味を問う問題なんて，複雑すぎて考えたくもない。そんなこと，どうでもいいじゃない。

いま，中学で楽しいのは，秋に文化祭があること。夏休みからそのための準備に入るけれども，衣装のデザイン係に自分から進んで立候補した。美術の授業で「変わった色合いだけど，なんか惹かれるデザインやね」って先生から言ってもらったときは，ほんとうに嬉しかった。友達と会話をしていて，誰も考えつかないような斬新なアイディアが生まれることもあって，自分はそんな才能があるのかも……と思ったりする。そして，デザイン係に決まってから，自宅のパソコンを使ってインターネットで関連情報を探しているときは，時間が過ぎるのも忘れそう。でも，こんなことしていて，希望する上多高校に行けるのかしら……。

岡田先生は，由紀の母親と話していて，宿題をやっているかどうかまでチェックして，アレコレ干渉していることに驚いた。そして，三者懇談会の最後に，母親は，「由紀は，文化祭に入れ込んでいて，夜中まで友達とメールで打合せをしているようですけれど，困ったもので，この間も父親に叱ってもらったばかりです。もうちょっと学校で受験指導をしっかりやって下さい！」と言い残して，娘と一緒に教室を出ていった。

このようにして，3日間に及ぶ三者懇談会は終了した。由紀の母親のように，「受験指導をしっかりやってほしい」と要望した保護者も多かった。しかし，文化祭は，生徒の息抜きの場として大切であり，中学3年の授業は，高校受験も念頭に置いて，しっかりやってきているのである。

2～3学年の社会科担当教員として，講義を中心とするものの，ときには資料や実物まで使って説明し，内容を把握しているかどうかをチェックするため，毎時間，空所穴埋めや短答式のプリントを配って書かせてきた。しかも，出来が悪い問題については学級全体に周知して，次回のプリントでも同じ問題を出し，知識の定着を図った。もちろん定期テストでは，出題範囲だけでなく，ときには"どこを出すか"ということまで言って，何とか生徒たちの学習意欲をかき立てようとした。ここまでやっても，由紀のように成績が上がらない生徒がいる。勉強には向いていないということではないだろうか。

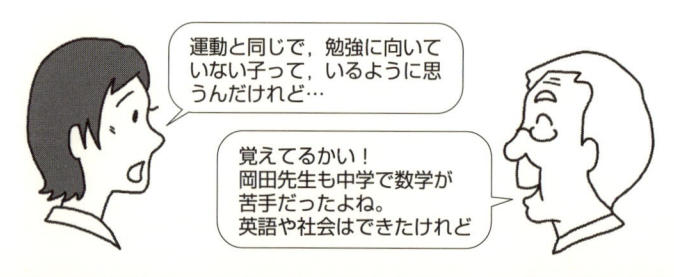

> 運動と同じで，勉強に向いていない子って，いるように思うんだけれど…

> 覚えてるかい！岡田先生も中学で数学が苦手だったよね。英語や社会はできたけれど

2 概念的理解:成績も意欲もデフレ・スパイラル

設問1:岡田先生の授業の進め方について,あなたはどのように考えますか。賛否を含めて箇条書きで述べなさい。

設問2:由紀の問題点,好きなこと,得意なことを下表に箇条書きで述べなさい。

問 題 点	好きなこと	得意なこと
・	・	・
・	・	・
・	・	・
・	・	・
・	・	・
・	・	・
・	・	・

設問3:もしもあなたが岡田先生の立場ならば,由紀のような子どもに対して,どのように指導しますか。具体的に説明しなさい。

ティーチング・ノート

成績も意欲もデフレ・スパイラル

（1）ケースの要約

　小学校から遅刻もなく宿題も忘れないで、コツコツ勉強して漢字力は抜群で、算数は塾に行ったので、成績もよかった由紀であるが、中学校になると、学年とともに成績は下降する一方である。教科書ガイドに頼って、暗記中心の勉強に努めてきたけれども、成績が芳しくなく、中学3年1学期の三者懇談会で、岡田先生から、「成績が伸びない」と言われ、由紀自身は、「頭が悪いから」とあきらめ気味になっている。たしかに、文脈を把握したり、討論や意味を考えたりするのは苦手である。

　母親は、由紀が文化祭で衣装のデザイン係に時間とエネルギーを割いているのを見て、父親に叱ってもらったほどで、このままでは高校入試にさしさわると心配して、岡田先生にしっかり受験指導をしてほしいと訴えた。

　社会科担当の岡田先生としては、ていねいに説明し、ときには実物教材も使い、毎時間初めに小テストをして基礎知識の定着を図っており、定期テストでもヤマとなる内容を教えて生徒たちの学習意欲を高めるように努力してきた。そこまでやっても由紀の成績が上がらない。テストには向いていないではないのだろうか。

（2）研修対象

　中学校教員の研修で使うケースです。ただし、小学校の教員でも中学校までを視野に入れて、小学校における自分の授業のあり方を振り返るためにこのケースを役立てることもできます。また、高校の教員でも、ケースの主人公が高校生になれば、どのようになるのかということを考えさせて、似たような事例を想定して、自分の授業を見直す機会になると思います。

（3）ケースの目標と準備物

　新学習指導要領では、教科指導において知識・技能の習得だけでなく活用も行うように力説していますが、このケースでは、活用してこなかった中学生を主人公にして、次の事柄を達成することを目標にしています。

　① 教科指導（おもに国算数理社）における概念的知識のさまざまなレベルについて、主人公がどこに位置づけられるのかということを特定できる。

② 概念的理解を深めるためには，どのような学習活動を導入すべきかということを知っている。
③ 子どもに寄り添って共感しながら，教科指導でこれだけは押さえたいという内容を理解させるための指導・助言の仕方を列挙する。
④ 主人公の両親に対して，家庭における子どもの指導・支援のあり方について適切な助言をすることができる。

準備物としては，事前にこのケースを（Ａ３判１枚にして）プリントして，参加者に配布し，研修当日に回収して，コピーを１部取って返却しておくと，おおよその展開が予想できます。また全体討論の中で，目標①にかかわって，ティーチング・ノート巻末の資料を配付してください。由紀の概念的理解のレベルを特定させるための資料です。

（４）ケースの設問とキーワード

学校ケースメソッドにおける全体討論は，このケース教材の最後に示した次の３つの設問を中心に展開されますが，その際に，下枠のキーワードが軸になるものと思われます。特に，誤答分析，自尊感情が取り上げられるでしょうが，ごまかし勉強と概念的理解は，対概念として重要です。

【設問１】岡田先生の授業の進め方について，あなたはどのように考えますか。賛否を含めて箇条書きで述べなさい。
【設問２】由紀の問題点，好きなこと，得意なことを箇条書きで述べなさい。
【設問３】もしもあなたが岡田先生の立場ならば，由紀のような子どもに対して，どのように指導しますか。具体的に説明しなさい。

> キーワード：
> 　成績，ペーパーテスト，誤答分析，概念的理解，入試，文化祭，興味・関心，自尊感情，暗記，反復練習，ごまかし勉強

（５）分　析

①ケースの背景

中学校や高校の教師ならば，自分の学校においてこのケースの主人公のような生徒がいるという人も多いでしょう。

例えば，「民主主義」という概念は，「正規の法手続き」を経て，すべての人が法のもとに平等であるという「平等権」をもっており，「代表」が選ばれること，という３つの下位概念から成り立っています。小学校から中学校，高校へと向かうにつれて，概念は，抽

象的になるだけでなく，その内部に他の抽象的な概念を下位概念として含むようになり，複雑化していきます。だから，ケースに登場する由紀のような記憶に頼る勉強しかしてこなかった子どもは，年々成績が下がっていきます。「民主主義とは何か」ということも，教師が説明したことを丸暗記するだけで，例えば"生徒会"に置きかえて，自分の言葉で説明することもなかったのでしょう。ですから当然，これまで自分が学んだ事柄に対して自分で共通の特徴を抽出して，それを包括させるという概念形成をすることができないのです。

　結論的に言えば，由紀のような子どもは，自分でさまざまな引き出しをつくって，適切に配置する仕方，つまり，"概念形成"の必要性に気づかなければなりません。その方策としては，初めは教師や親の支援を受けながら，そのあとは自分自身で概念形成をしていかなければならないということです。

②中心となる用語や概念
【ごまかし勉強】
　藤澤伸介氏（跡見学園女子大学）は，1990年代以降，中高生の学習相談を通して，次のような"ごまかし勉強"の特徴が見られると言います。
- 学習範囲の限定――多くのことをわかろうとするのではなく，学習範囲をできるだけ減らそうとする。
- 代用主義――要点整理や暗記カード作りを自分でやらずに，他人のを利用する。
- 機械的暗記志向――意味を理解しようとせずに，機械的に憶えてすまそうとする。
- 単純反復志向――学習法を工夫しようとせずに，ただ繰り返して量をこなそうとする。
- 過程の軽視志向――自分の解答が正解かどうかだけに関心があり，誤りの原因や別解などに関心がない。

〈藤澤伸介『ごまかし勉強　上』新曜社，2002年，55頁〉

　そして，藤澤氏によれば，1980年代後半からエピソードや特定の部分を詳述した「解説参考書」が売れなくなり，1990年代初めから次のような学習参考書が一般的になってきたと言うことです。
① 章立てが細かく，各章の頁数が一定
② 必要最低限の学習項目
③ 暗記材料の提供
④ 解答書き込み式の問題量が多い
⑤ 著者名（または監修者名）がない

〈藤澤伸介『ごまかし勉強　上』新曜社，2002年，121頁〉

2　概念的理解：成績も意欲もデフレ・スパイラル

　このような解説参考書が出回ったために，生徒は，テスト対策でヤマをかける必要もなくなり，短時間で暗記をする学習法をとるようになりました。①に関しては，例えば，子どもがつまずきやすい内容（英語の不定詞，数学の数式化や図形の証明，理科のイオン，社会の土地制度史や氏姓制度など）なども，解説参考書では，説明が限定され，理解より学習作業のやりやすさが優先されていると言います。

　なお，ごまかし勉強のきっかけをつくったのは，第1番目に教師で，第2番目が宅配教材や教科書ガイドであって，このような学び方は，下図のようにシステム化されていて，なかなか抜け出すことができないということです。

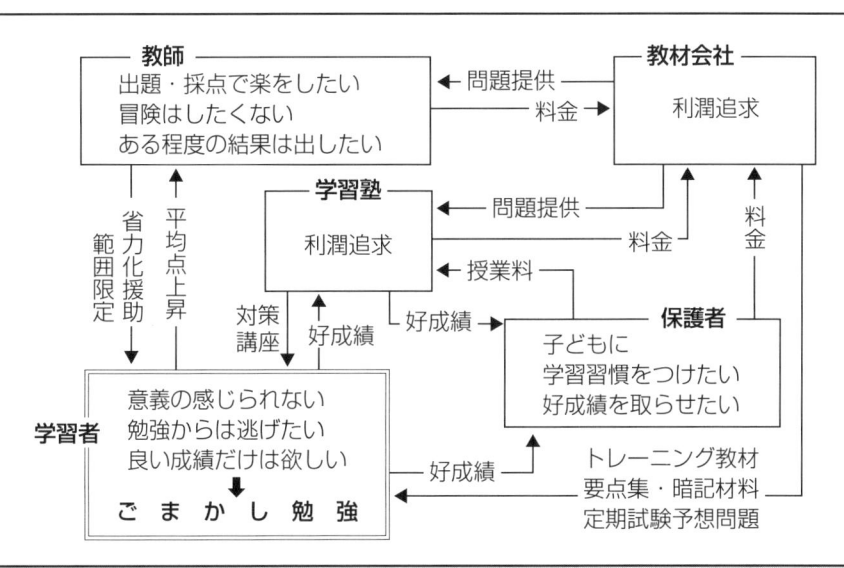

図　ごまかし勉強育成システム

〈藤澤伸介『ごまかし勉強　下』新曜社，2002年，120頁〉

【概念とは何か】

　事物の本質をとらえる思考の形式。事物の本質的な特徴とそれらの連関が概念の内容（内包）。概念は，同一特徴をもつ一定範囲の事物（外延）に適用されるから一般性をもつ。例えば，人という概念の内包は人の人としての特徴（理性的動物あるいは社会的動物など）であり，外延はあらゆる人々である。しかし，個体（例えばソクラテス）をとらえる概念（個体概念・単独概念）もある。　　　　　　　〈『広辞苑　第5版』岩波書店〉

　①〔哲〕個々の具体物から共通部分を取り出し，総合して得た内容。②大まかな認識。
〈三省堂デイリーコンサイス国語辞典〉

　【概念の種類】【概念的理解の深さ】【概念形成が下手な子どもの特徴】については，全体討論の中で配布するプリントとして巻末に掲載しています。

③おもな質問や争点

質問1：「ごまかし勉強」とは何ですか？

「②中心となる用語や概念」の【ごまかし勉強】を読んで参加者に説明してください。なお，藤澤伸介氏は，「ごまかし勉強」に対抗するものとして，次のような特徴をもつ「正統派の学習」を推奨しています。

① 学習範囲の拡大
② 独創志向
③ 意味理解志向
④ 方略志向
⑤ 思考過程の重視

〈藤澤伸介『ごまかし勉強 上』新曜社，2002年，113頁〉

質問2：岡田先生の指導法は間違っていますか，間違っていませんか？

岡田先生の指導については，（6）指導方法の②【設問1】に示すように，賛否両論があります。例えば，「たえず小テストをする」ということは「知識の定着を図る」ということにつながり，知識の定着なくして，反対論者が言う「深い理解は促せない」のです。

したがって，どちらか一方が正しいというのではなく，②中心となる用語や概念【ごまかし勉強】で述べているように，つまずきやすい単元では，時間をたっぷりとって，重層的な学習活動（言語，ビジュアル，行動）を行う必要があるということです。

争点1：受験が迫っているので，岡田先生の指導方法は正しいのではないでしょうか？

たしかに，そうかもしれません。入学試験では，1点でも多くとって志望校に入りたいという願いは，由紀も親ももっていることでしょう。しかし，他方，由紀は，もはや自信を失っているのですから，まず，得意なことや好きなことを生かすバイパス方法を使って，自信を回復させるための対策を講じなければなりません。そのような生ぬるい方法は，高校入試までには間に合わないという反論もあるかもしれません。ここでは，賛否両論に耳を傾けて，互いの長短所を明らかにするのがよいでしょう。

争点2：由紀はテストには向いていないのだろうか？

由紀は，ビジュアルに関心があり，その才能を友人も認めてくれるので，例えば，図示やマッピングによって学んでいくという"バイパス"的な学び方を使って，理解を深めることがよいかもしれません。バイパスですから，効果はすぐには表れませんが，そのような学びによって，まず彼女の自信を回復させたあと，苦手な言語的学習に向かわせるのです。

ただし，由紀は，言語的学習がまったく駄目というわけではありません。たしかに，中学校や高校の学習は暗記だけでは駄目で，ものごとを概念化して，学習することの重要性

に気づいてもらわなければなりません。しかし，記憶力はよい生徒です。コツコツと積み重ねて学んでいく力もあります。何よりも小学校の読み書き算の基礎学力はついているという強みがあります。ですから，今後，学び方を変えれば，まだまだ伸びる可能性はあるでしょう。

（6） 指導方法
①基本的な進め方

研修数日前までにケースをＡ３判１枚にして印刷し，参加者に配布し，事前に設問について自分なりの答えを名前を明記して書いておくように指示します。できれば，研修開始までにそのプリントを回収し，１部ずつコピーして，全体の意見や提案の傾向を把握してください。なお，小集団のためのメンバー編成をしておき，それぞれが話し合うための部屋または教室を確保する必要があります。

研修開始直後に参加者に回収したプリントを返却するとともに，今日の研修の進め方について，次のように簡単に説明してください。

① 30分程度の小集団による話し合い。
② 60分程度の全体討論（その開始時間を明示すること）。
③ 小集団のグルーピングと割り当てた部屋または教室の発表（小集団の話し合いで納得したり，自分の考えに組み込んだりした事柄については，括弧を付けて，設問の回答欄の空欄に記しておくように指導すること）。

②各設問とその回答例

全体討論については，【設問１】から順に参加者から意見を出してもらい，【設問２】や【設問３】にある△のように事実認識における明らかな間違いを除いて，すべて板書に記してください。

ケースライターとしては，◎のような意見を期待していますが，討論の進み具体によっては，○から意外な展開となり，妙案が出ることもあるでしょう。進行役に都合のよい意見だけを取り上げると，自由で率直な意見交換ができなくなります。受容的な態度に努めてください。

【設問１】岡田先生の授業の進め方について，あなたはどのように考えますか。賛否を含めて箇条書きで述べなさい。

次のような意見が出てくるかもしれません。「たえず小テストを行う」というのは，賛否両論として出されるでしょう。どちらも取り上げてください。

賛成の意見	反対の意見
○資料や実物を使う→視覚に訴えて，イメージ化を促す	○理解を伴わない知識になりがち
○たえず小テストで内容を把握する	○暗記重視←テスト問題を示唆
○知識の定着を図る	○深い理解を促せない
○出来の悪い問題を再試験する	○生徒が受け身の授業→意欲づけが弱い
○文化祭を大切にとらえる	○参加型の活動を入れるべき→教師と生徒の双方向の授業を
○空所穴埋めは，要点のまとめに役立つ	○テストのための勉強を奨励
◎概念的理解をしてこなかった	○知識を活用する場がない

【設問2】の検討の間でもよいですから，次の点は押さえてください。

たしかに，社会科の歴史は覚えなければならない事項がたくさんあります。それ以外の社会科の地理や公民，そして数学や理科などの教科においても，概念的理解を深めるという観点からみて，岡田先生の授業をどのように考えるのか，由紀はどの理解のレベル（恐らく「機械的」または「模倣的」な理解）であるかということがここで問題となるでしょう。

【設問2】由紀の問題点，好きなこと，得意なことを箇条書きで述べなさい。

次のような表を黒板に書いて，由紀の問題点，得意なこと，好きなことを整理することをお勧めします。

問 題 点	好きなこと	得意なこと
○苦手：討論，意味や複数の解法，文脈把握，長文レポート	○衣装デザイン	◎記憶力がよい
◎"自分は頭が悪い"自尊感情低下 →成績が上がらない	○インターネット	◎真面目 →遅刻なし
△意欲がない	○美術	○計算力→小学校の学力は高い
△好きなことしかがんばれない	○アイディアを考えること	◎創造性（斬新なアイディア） →文化祭に意欲的
◎勉強は暗記と思っている		◎ビジュアルな学び
◎教科書ガイドに頼る		○インターネット
○応用力がない		○好きなことには積極的
○親頼み→不信感		◎協同的な学び

ここで，由紀の問題点で「概念的理解が弱い」が出てこなかった場合，（5）分析の「②中心となる用語や概念」（110頁）で述べた概念的理解のレベルを参考に，その点を補足してください。

【設問3】 もしもあなたが岡田先生の立場ならば，由紀のような子どもに対して，どのように指導しますか。具体的に説明しなさい。

　由紀は，得意なことや好きなことが示すように，どちらかと言えば，言語や記号で概念的に考えるよりむしろ体験をしたり，ビジュアルに考えたりする学習スタイルが得意な子どもでしょう。このような子どもは，学級にも何人かいるはずです。他方，いわゆるできる子どもであっても，言語や記号によって理解して，説明できたとしても，実感を伴って深く理解していない場合も珍しくありません。

　「教師の単なる模倣」から「自分の言葉で説明できる」ことや「新たな場面で応用できる」という活用力を伴った概念的理解を深めるためには，①行動・体験的，②観察・ビジュアル的，③言語・記号的な活動を重層的に重ねる必要がありますので，単元プランづくりでも，①②③の活動を行う機会を増やすことを奨励したいものです。

　△複雑な問題では，なぜそのようになったのかということを詳しく説明する。
　◎単元の導入で体験やビジュアル教材等を使って，興味・関心づけを図る。
　○得意な点を積極的に誉める。
　○数値化したテストの成績だけで評価しない。
　○由紀の理解度のチェックを行う。
　○由紀と話し合いの場を設けて，誤答の原因を探る。
　◎由紀の得意なことや好きなことを自覚させ，それを生かすような体験の機会を単元や学校行事で設ける。文化祭は生徒の息抜きの場ではない。
　○親とは由紀のいない場所で話し合う場をつくって，家庭教育との連携を図る。
　◎復習を中心に家庭でも少しずつ勉強できるように励ます。
　◎由紀に，兄弟姉妹や年少児に自分の言葉でものごとを説明する機会をたくさん設ける。

③討論のまとめ

　基本的には，【設問1】から【設問2】で事実認識を共有したあと，【設問3】において，これまでの意見交流を踏まえて，さまざまな提案が出されることになります。討論のまとめとしては，概念的理解の深まりと重層的な学習活動の導入の必要性を気づかせ，由紀には得意なことと好きなことを生かす機会を設けて，自信をもたせる必要性を確認したあと，【設問3】で多様な提案をしていただいたことを振り返って，全体討論を終わります。

（7） 参考文献

(1) Mel Levine, Educational Care, Educator Publishing Service, 2001
(2) 藤澤伸介『ごまかし勉強　上』新曜社，2002年
(3) 藤澤伸介『ごまかし勉強　下』新曜社，2002年

【概念の種類】

具体的概念：五感によってわかる。例：果物
抽象的概念：触れることができない。
　　　例：民主主義（なお，民主主義の下位概念としては，正規の法手続き，代表，平等権などがある）
過程概念：どのようにものごとが起こっているのかを表す。例：原子エネルギー
言語的概念：すぐに詳しく説明できる。例：スポーツマンシップ
非言語的概念：言語より視覚でわかる。例：相似，台形

〈Mel Levine, *Educational Care*, Educator Publishing Service, 2001, pp.113-114〉

【概念的理解の深さ】

深さ	特徴
何もない	概念の重要な特徴の確認や例をあげることができない。
希薄	概念の1つか2つの特徴は言えるが，他の概念との違いを説明できない。
機械的	教師の説明を真似ることはできるが，概念を使ったり，例を言ったりすることができない。
模倣的	概念を活用できるが，自分で何をしているのかわかっていない。
説明的	他の概念との比較対照だけでなく，自分の言葉でその概念を説明し，例を示すことができる。
創意工夫的	教師が教えた以外の仕方で概念を応用することができる。

〈Mel Levine, *Educational Care*, Educator Publishing Service, 2001, p.115〉

【概念形成が下手な子どもの特徴】

・特定の概念における重要な特徴を自覚していない。
・なぜやっているのか，何をやっているのかということがわかっていない。
・多様な学び（言語，行動，ビジュアル）が不足している。
・比較対照する力が弱い。
・新しい概念と以前の概念を関連づけたり，統合したりする力が弱い。
・概念とその具体例を関連づけることができない。

〈Mel Levine, *Educational Care*, Educator Publishing Service, 2001, pp.114-115〉

第3章-3

授業論：何のための授業研究か

「よくやった。ほんとうに僕らの研究会の誇りだ」
「やっぱり方言研究してきた甲斐があった。成果が中学国語の授業に生かされた」
「生徒も"面白かった","もっとしたい"って言ってた」

　授業者である松田先生は,「よかった,よかった」と胸を撫で下ろして,この授業づくりの歩みを振り返っていた。

　ちょうど5ヶ月前,「説明し合おう『不思議！日本語の謎！』」と題して,あいさつ言葉や待遇表現,村に残る古語の歴史等を見直し,日本語の特色について生徒に調べさせる単元を構想していた。そのとき,研究会のメンバーからアイディアはよいが,次の3点で改善するほうが望ましいだろうと指導助言を受けた。
①　子どもの言語操作能力を育てる面では法則性のあるものを扱うほうがよい。
②　調べる手順や手続きを教師が熟知しているものにしたほうがよい。
③　ある程度学問的な結論の出ているものや見通しの立つものを調査語にしたほうがよい。

　それからが大変！　勤務先の中学校がある峰波村で使われている方言をさまざまな学術

図書で調べた。すると，この峰波村は，奈良と大阪府泉南と和歌山の方言が分岐する地域であることがわかってきた。それで，さきの助言も踏まえて，『峰波村の方言を探検しよう』という単元に変更して，研究会では2回の事前協議を行い，次のような単元プラン（全12時間）を考案した。

次	時	学習活動	指導・援助の留意点
1	1	○「峰波村の方言探検」というテーマについて理解し，身の回りの言語生活に興味・関心をもつ。	・教師が例をわかりやすく示し，関心を高めるように配慮する。
	毎時	○「峰波村の方言探検」について調査報告を出し合う。	・多くなるにつれてグループ分けをわかりやすくしていく。
2	1	○自分が説明しようとするジャンルを選び，学習の計画を立てる。	・ワークシートを用いて，調査の具体的な方法までイメージできるようにする。
3	4	○テーマについて調査し，材料を集め，説明の準備をする。	・それぞれのグループに適切なアドバイスをし，調査の方向性を示す。
4	2	○協力グループで互いに説明を聞き合い，相互評価をする。	・司会をしながら客観的に評価できるように配慮する。 ・ビデオを利用して，意見の出た箇所について振り返る機会をつくる。
5	2	○協力グループの評価をもとに，説明の再構成をする。【公開研究授業】	・2部屋を使い，リハーサルを相互評価し，発表の改善を図る時間をつくる。
6	1	○「峰波村の方言探検」のテーマで聞き手を前にして説明する。	・説明能力がリストアップできるように，ワークシートを工夫する。
7	1	○「峰波村の方言探検」の学習について感想をまとめる。	・観点を絞って感想をまとめられるようにワークシートの工夫をする。

　この単元を通じて，中学2年生に育てたい説明能力をリストアップすることができ，指導と評価の一体化にも取り組めた。実際の授業は次のように展開した。
　第1次第1時においては，生徒にとって調べ甲斐のある調査語28語を載せた資料を配った。第2次第1時で，「アジナイ」「モミナイ」「イケン」の3語に絞って，方言分布を調べさせることにした。
　そして第3次第1時では，資料として調べる手順を記したワークシートも配付した。一般の国語辞典から専門辞典，単行本，その他参考資料を示すとともに，難易度も考慮して，ワークシートは調査活動がスムーズに展開できるようにしたものである。
　そして，第4次第1時では，「わかりやすい言葉遣いだったか」「相手を引きつける話し方をしていたか」などの発表のリハーサル評価カードを配って，グループ同士で発表練習をさせた。さらに，第5次第1時において，リハーサルの評価を学級全体の発表に生かす

ワークシート

ア．国語大辞典を使って，言葉の意味やどんな時代から使われているのかを調べよう。

イ．全国方言辞典を使って，その方言がどんな場所で使われているのかを調べよう。

ウ．『大和方言集』『大阪弁の研究』『泉南の言葉』『和歌山の方言』などの図書を使って，意味や，いつ，どこで使われていた言葉なのかを調べよう。

エ．『日本の方言地図』『峰波村史』『泉南市史』などを使って，自分の調べる方言について見通しを立てよう。

オ．峰波村内の方言の使われ方について調査しよう。

カ．図書で調べたり調査してみてわかったことを記録しよう。

キ．この方言を調べてみての感想，峰波村の方言についての考え，思いを書きましょう。

ク．さて，いままで調べたことをどう説明しますか。その説明のためにどんな補助資料（地図や図，表やカセットテープ，写真）を使いますか。

ために，資料活用，構成，話し方，要旨，相手意識，補助資料などに分けた学習整理プリントを配った。

いまから振り返ってみると，たしかに，生徒の学習活動は，ほぼ松田先生の予想どおりに展開したし，研究会のメンバーからも賞賛を得た。しかし……，第5次第2時の【公開研究授業】の最後に書かせた生徒の感想が気になって仕方がない。光男は次のような一文を感想用紙に書いた。

「今回残念だったのは，大谷さんに聞いた『ジャイケンボ』や『チンリンケ』の調査のほうが面白そうだったのに，調査できなかったことだ。松田先生が『アジナイ』の分布を調べて発表しようと言わなければ，僕はどっちかと言うと大谷さんに聞いた話を調べていたはずだ」

この感想文を読んで以来，松田先生は，学問的な知見によって，分布が明らかになっている調査語を選んだ自分の選択は，生徒にとってほんとうによかったのだろうか，適切だったのだろうか，という疑問が頭をよぎって仕方がない。

> みなさんが喜んでくれて，成功！でも，本当かしら。光男君のことが…

> "失敗"とも"成功"とも言えるんじゃないかな

> 中学の先生は子どもを大切に，小学校の先生は教科を大切にって言いたいね

設問1：このケースの授業の特徴をあげてください。

設問2：松田先生が「よかった，よかった」と胸を撫で下ろしたのは何に対してでしょうか。

設問3：研究会のメンバーの指導助言は適切だったのでしょうか。その理由も記してください。

設問4：松田先生は，光男の感想を受けて，次年度に同様の単元を構想するとき，どのような単元プランに組みかえると予想しますか？　また，あなたならば，どのようにプランを組みかえますか？

3 授業論：何のための授業研究か

ティーチング・ノート

何のための授業研究か

（1） ケースの要約

国語教育の研究会に参加している松田先生（中学2年担当）は，生徒の説明能力を育てて，分析するための研究授業を行うことになった。当初は，生徒の調べ活動を軸にした自主的・主体的な学習になるような単元プランを考えていたが，研究会による検討の中で，一定の学問的な結論が出ている言葉を調査対象として絞り込んだほうがよいという指導助言を受けた。それで文献研究を重ねた結果，勤務校の校区である峰波村の人々が使っている言葉が奈良と大阪と和歌山の方言が交錯していることを突きとめたので，「峰波村の方言を探検しよう」と題する単元を実施しようと思った。

さて，実際の授業は，調査語28語を載せた資料の検討から始め，「アジナイ」「モミナイ」「イケン」の3語の方言分布を生徒たちに調べさせ，その結果をグループで発表させて，ほぼ予定したとおりに終わろうとしていた。しかし，公開授業後に生徒に今回の授業の感想を書かせたところ，光男は「ほんとうは，大谷さんが出した方言を調べたかった」という感想を吐露した。それから，松田先生は，自分の行った研究授業の目的は果たしたが，"ほんとうにこれでよかったのか"と考え込むようになってしまった。

（2） 研修対象

中学2年の国語の研究授業のあり方を問いかけるケースです。学問的成果を軸に授業を組み立てたときに，子どもの問題意識や切実感を配慮しているかどうかという授業者の悩みを取り上げたものであり，教科を問わず，中学校だけでなく小学校や高校の教師の研修会でも取り上げることができます。

（3） ケースの目標と準備物

現代は，子どものニーズが多様化し，これまで以上に授業力を高めることが大きな課題となっています。このケースは，そのような教育状況を受けて作成しましたが，そこで達成すべき目標は，次のようなものです。

① 「授業研究」における目的，単元プランづくりでの留意点，授業実践後の振り返りの視点などを明らかにする。
② 公開授業において考慮すべき点，授業の研究協議における授業者の主体性や，教材

研究の行い方，授業の計画と実践の関係のとらえ方について明らかにする。
③ 「授業研究は何のためにあるのか」という問いかけをしながら，授業改善を抜きにした授業研究はありえないことがわかるようになる。

このケースは，『表現指導　音声言語授業分析研究(3)』（奈良県国語教育研究協議会編，2004年4月）を参考に作成したものですが，設問を含めてA4判4枚となるので，A3判裏表1枚として使うとよいでしょう。研修前に4つの設問のページをコピーして入手しておくと，おおよその傾向がわかるので，全体討論の進め方を考える際に参考になります。

（4）ケースの設問とキーワード

学校ケースメソッドのケースは，量的にはA3判1枚が普通ですが，このケースではA3判裏表を使っており，設問も次の4つになっています。

【設問1】このケースの授業の特徴をあげてください。
【設問2】松田先生が「よかった，よかった」と胸を撫で下ろしたのは何に対してでしょうか？
【設問3】研究会のメンバーの指導助言は適切だったのでしょうか。その理由も記してください。
【設問4】松田先生は，光男の感想を受けて，次年度に同様の単元を構想するとき，どのような単元プランに組みかえると予想しますか？　また，あなたならば，どのようにプランを組みかえますか？

> キーワード：
> 　説明能力，方言，公開研究授業，授業研究の目的，生徒の興味・関心・意欲，主体性，教材研究，指導助言，授業のねらい，学問的成果

（5）分　析
①ケースの背景
(a)学習者の把握

学級の生徒は，中学1年生のときに，話し合い学習・ディベート・スピーチ・朗読・群読等に取り組み，意欲的に学習活動を続けており，音声言語活動が大好きです。1年次に行った総合的な学習の時間では，自分で小テーマを決め，新聞や図書，家の人の話をもとに，スピーチ原稿を作り，みんなの前でスピーチすることを経験しています。その際に，メッセージカードを使って，各自のスピーチのよい点や工夫すべき点を出し合い，その相互評価を生かして，2度目のスピーチを行いました。繰り返しスピーチすることで，上達することを実感するようになった生徒たちは，主体的に学習に臨む姿勢を身につけてきています。

⑸研究会における説明能力分析

　松田先生が参加する研究会では，10年間にわたって，説明能力の分析研究に取り組んできました。小学生の説明能力の分析が解明されつつある段階で，中学生の説明能力を分析し，子どもの発達を踏まえた系統的能力分析に移ろうとしていました。

　研究会としては，小学生の能力分析でわかってきたことをもとに，説明能力の焦点化を図っていこうというねらいをもっていました。そのために，生徒が自由に調査語を選んで発表するよりも，ある一定の結論が出ている調査語に絞っていくほうが，能力分析には適しているという判断がありました。

⒞松田先生の単元プランから研究会の単元プランへの変更

　松田先生は，1年生からこの学級のホームルームと教科担任をしてきました。生徒の実態については十分把握していたので，当初は生徒の主体性を伸ばすために，自分で解き明かしたいジャンル（あいさつ言葉や待遇表現，村に残る古語の歴史等）を選ばせ，グループで協力しながら調査し，発表させる中で説明能力の分析ができればと考えました。

　しかし，研究会の事前協議でいくつかの助言を受けて，学問的な知見が得られている調査語に絞ったほうがよいということになり，あらためて峰波村の方言を調べてみると，峰波村は学問的にも興味深い地域であることがわかってきました。

　松田先生は，自分自身の授業であるとともに，研究会のメンバーとして能力分析のためには，ある程度研究会の方針を尊重すべきだと考えました。

　その結果，松田先生が構想した「説明し合おう『不思議！日本語の謎！』」という単元から，「峰波村の方言を探検しよう」（全12時間）という単元に組みかえたのです。

② 方言研究について

⒜松田先生の教材研究

　松田先生が参加する研究会には，大学の方言研究者がいたので，公開授業の授業案を作成する事前協議の段階で，学問的成果を踏まえた授業展開が検討され，「アジナイ」「モミナイ」「イケン」の3語は，峰波山の山麓道路の峠を境界として方言分布がきれいに分かれていると学術書で報告されていました。松田先生は教材研究の一環として，3語がほんとうに現在でも峠を境に分布しているかということを確かめるために，村内の古老を訪ねて事前調査を行い，学術書の報告が現在も生きていることを確認しました。

⒝方言を題材とする学習のねらい

　松田先生は，中学2年生における方言学習のねらいや意味をどこにおくかを考えて，方言研究者[1]の「方言は生活語」であるという言葉を参考にして，次のような学習目標を自分自身の中に設定していました。

「方言は生活語であるという考えに基づき,自分の日常言語を相対化し,言語の世代差を分析的にとらえる視点をもち,母語を尊重する態度を養うとともに,豊かな日本語運用能力を育てる」

(c)国語科で言語単元を構想する意味

方言を教材として扱うことは,国語科でなければできません。日常生活で何気なく使っている方言に光を当て,客観的な観察の対象にする活動を組み込むことで,生活と言語の関係を考えさせるきっかけを与えるでしょう[(2)]。

松田先生の実践は,方言という生活語を調査対象とし,言語を客観的に分析できる仕かけ(全国方言辞典の使用など)が施してあり,方言研究の成果(「日本の方言地図」を参考図書とするなど)を十分に生かした単元構成になっています。

③学習指導計画について

(a)公開研究授業の目標

① ふだん何気なく使っている方言について興味をもち,適切な図書や取材活動を通じて調べることができる。
② 生活での言語体験や調べたことを生かして,わかりやすい構成を考えて説明できる。
③ 聞き手を意識した音声言語活動をする態度を身につけることができる。

(b)生徒につけたい説明能力

① 参考になる資料を分析して自分の説明に生かそうとする能力(発想・着想)
② 取材の手順や方法を見通し,解決しようとする能力(取材・選材)
③ 取材した材料を正しく理解し,必要な材料を選ぶ能力(取材・選材)
④ 話の要点がわかるように,詳しさの度合いや分量の配分を決める能力(話の構成)
⑤ 図や表,写真を効果的に使う能力(音声化)
⑥ 学習過程を振り返り,身につけた表現力を生活に生かそうとする能力(助言・反省)

(c)評価規準に基づく指導と評価の一体化

松田先生が作成した単元プランをみると,第1次で生徒の興味・関心を引き出す手だてがあり,第2次には生徒自らが学習活動計画を立てるように配慮されています。さらに,第4次・第5次で協力グループを組織して,相互批評による自己評価力を育成する仕かけもあります。ワークシートの工夫もされており,学習過程を精緻につくり上げることで,指導と評価が一体化できる構成となっています。

ただし,研究会のメンバーとしての任務を果たすために,説明能力分析のための授業プランを組み込んだので,全体の時間数が12時間と少し多めになってしまいました。毎時間

の評価規準は焦点化できているかもしれませんが，単元プラン全体から考えると欲張りすぎた計画となっています。

④中心となる用語や概念
【学問中心カリキュラム】

　学問中心カリキュラムは，必ずしも講義中心に進められるわけではありません。このケースは，方言学研究者が行うように，方言学の知見を基礎にした言葉を生徒たちにも調査させることによって学習計画を構成しているという点で，学問中心カリキュラムとしての特徴を備えています。

　授業者は，事前に方言の調査語や調査方法を限定して，方言学の研究者の手法を擬似的に生徒にも導入しようとしています。方言の調査を決定する場面や方言地図を作成する場面では，学問的知見を導入していますが，学習過程の第1次や第2次のように，生徒の興味・関心に焦点を当てる場面や生徒の主体的な学習活動を保証する場面が，学問中心カリキュラムにもあります。

⑤おもな質問や争点

質問1：**新学習指導要領との関連性はどのようになっていますか？**

　このケースは，平成10年版学習指導要領に基づいて作成したものですが，平成20年版新学習指導要領に告示された「第2学年」の「目標」は，「目的や場面に応じ，社会生活にかかわることなどについて立場や考えの違いを踏まえて話す能力，考えを比べながら聞く能力，相手の立場を尊重して話し合う能力を身に付けさせるとともに，話したり聞いたりして考えを広げようとする態度を育てる」と改められるとともに，〔言語事項〕は〔伝統的な言語文化と国語の特質に関する事項〕と改訂されました。「A 話すこと・聞くこと」，「B 書くこと」および「C 読むこと」の指導を通して，「イ　言葉の特徴やきまりに関する事項（ア）話し言葉と書き言葉との違い，共通語と方言の果たす役割，敬語の働きなどについて理解すること」と記述されました。

　これらの言葉の特徴やきまりに関する事項の取り扱いについては，平成10年版学習指導要領から大きな変更はなく，これまでのように「楽しく学ぶ」[3]ということを基本として考えていくべきでしょう。

争点1：**学問中心カリキュラムに問題点はないのですか？**

　学問中心カリキュラムは，学問の基本的な概念を教育内容とし，それを生徒に探究方法を使って理解させていくものですが，必ずしも子どもの切実性に立脚したものではないので，子どもの興味・関心を削ぎかねないという問題点が繰り返し指摘されてきました。

このケースでは，そのような問題に対する対処法として，生徒が主体的に調査語を選定し，参考文献を自ら調べていくような学習活動を導入すればよいのではないか，という投げかけをしています。そのうえで方言地図を作成したり，調査語彙を生活語の中から選び出したりするような工夫が求められるのです。生徒の興味・関心から一定の水準まで学習のレベルを高めていくには，指導者の側にかなり高度な指導力が必要とされるでしょう。

争点2：このケースを授業改善に結びつけるための視点は何ですか？

このケースは，地域に密着した単元を構想している点で，松田先生の教師としての力量が大変高いことがわかります。しかし，松田先生の単元構想力は一人で培ったものではなく，研究会の仲間からの刺激を受けつつ身につけてきたものです。その意味で，この研究会における授業研究は，松田先生にとって有益なものとなってきたといえるでしょう。

教師の授業力とは，現実の生徒との関係の中で，学問的成果を踏まえた教材研究を具体的な学習活動に生かしつつ，授業を構想していく力量です。授業者に教育研究者が指導助言を与えたり，現場の熟練教師が生きた助言を与えたりすることによって，授業者は育っていくのです。公的，私的にかかわらず，授業研究を進める研究会（あるいは研修会）が，実践的力量を備えた教師に成長させるのではないでしょうか。

松田先生の研究授業は，中等教育前期の生徒に対する指導としては，学問的成果に寄りかかりすぎた面があり，学問中心カリキュラムに偏った実践例と言えるかもしれません。しかし一方で，この授業実践を生徒の興味・関心・意欲に照らして，生徒の自主的活動や発展的学習へと導くことで，子ども中心カリキュラムとの融合を図ることができます。一方に偏らない授業の構築こそが授業改善への方途と言えるでしょう。授業研究は，生徒にとって学び甲斐のある授業改善へと導く活動とならねばなりません。

松田先生の立場で【設問4】を考えていくことは，授業研究を教育活動の中核に位置づけて授業改善を図ろうとする教員にとって，重要な鍵が隠されているように思えます。

（6）指導方法

①基本的な進め方

あらかじめケースと4つの設問を印刷したプリントを配付し，名前を明記したうえで個人の意見を書き込んでおくように指示してください。研修会では，まず小集団に分かれて，30分程度，設問ごとに互いの考え方を交流し，自分の考えの修正や拡張，補強等を行います。

小集団の話し合いのあと，進行役は，全体討論において，【設問1】から【設問4】まで順々に参加者から意見を出していただき，必要とあれば，小集団での話し合いの内容も披露してもらいながら，適宜互いの考え方を関連づけたり，対比させたりして板書し，

3 授業論：何のための授業研究か

ケースのねらいに迫るようにします。通常は，設問が3つであることが多いのですが，このケースでは，4つの設問になっていますので，各設問の時間配当に注意してください。

②各設問とその回答例

ケースライターとしては，◎のような意見を期待していますが，討論の進み具合によっては○から意外な展開となり，説得力のある考え方に収斂していくこともあります。進行役が，事前に用意したキーワードや争点にばかり気を取られていると，参加者も進行役の顔色を伺い，「唯一の正解は何か」と思って，自由な意見交流が成立しなくなりますので，そのようにならないように気をつけてください。

【設問1】このケースの授業の特徴をあげてください。

◎研究会のための授業となっていること。

◎生徒の興味・関心が軽視された授業。

○研究会の指導助言に忠実に従ったため，生徒の実態を考慮しない授業。

○調査や発表の仕方を教え込む授業。

○校種（小学校国語と中学校国語）の違いを考慮しない授業展開をしているのが特徴。

○研究会の指導助言によって授業のねらいが変容してしまった授業。

○授業の目標が焦点化されていない授業。

○日本語の多様性を考えさせる授業から，スキルを身につけていく授業に変化したのが特徴。

◎方言研究の成果を生かした授業であり，学問的な法則性や結論を踏まえているのが特徴。

○グループでの調べ学習や発表学習など，生徒の活動を重視しているのが特徴。

○教師主導の授業展開。

○教師側の働きかけ，呼びかけ風の学習活動が展開されている。

◎単元の構造として，学問的知見に基づき，教師の働きかけによって授業展開しているが，授業形態としては生徒のグループ活動を中心におくもの。

【設問2】松田先生が「よかった，よかった」と胸を撫で下ろしたのは何に対してでしょうか。

◎詳細な教材研究が授業に生かせた点（授業者の努力が実った）。

○研究会の仲間の賞賛（研究会に認められた）。

○授業を受けた生徒の言葉。

◎予想どおりの授業展開で公開研究授業を終えたこと。

◎授業者のねらいどおりに生徒が活動してくれたこと。

○授業者の指導技術の高さに対する満足。

◎生徒にスキルを身につけさせられたこと。
◎研究会の助言を素直に聞き入れて授業が成功したこと。

【設問3】研究会のメンバーの指導助言は適切だったのでしょうか。その理由も記してください。

　研究会から出された指導助言は，適切であるものも，不適切であるものも両方考えられます。全体討論の参加者からは，次に示すような適切と不適切の双方の意見が出されるでしょう。進行役は，それらを板書して整理する必要があります。

《適切である》
○いろいろな言葉が出てくると混乱するから，助言は適切だった。
◎方言学の成果を生かしている授業になった点で，意味のある調査活動ができていた。
○調査活動をさせるような場合は，教師は活動の全体像を把握しておく必要があるので，適切な助言だった。
○スキルを身につけさせる授業としては適切であった。

《不適切である》
◎好きな言葉を選べないという点で，子どもたちにとっての興味・関心や意欲を削ぐ結果を招いた。
○助言は松田先生にプレッシャーをかけることになっており，光男の感想が出てくるような強引な指導を展開してしまった。
○スキルに関する助言でしかなく，日本語の多様性に気づかせるような内容に関する助言ではない。
○光男の発言が最後に出てくるように，調査語を絞るような助言であって，日本語の豊かさに興味を起こさせる助言でなかった。
○調べる手順まで限定してしまった。
○研究会の助言は，生徒の実態を考慮していない。

【設問4】松田先生は光男の感想を受けて，次年度から同様の単元を構想するとき，どのように単元プランに組みかえると予想しますか？　また，あなたならば，どのようにプランを組みかえますか？

◎授業の出発は生徒の興味・関心から始め，出口は文献を明示させることで授業レベルを確保する。
○最初から調査語を決めないで，すべて生徒の自主性に委ねる。
○校種（中学校）を考えて，文献・資料などは生徒の自主性に委ねる。
◎授業者側の教材準備だけでなく，生徒の自主的調査を取り入れた二本立ての授業準備をめざす。
○生徒の主体的な発見に基づく授業構成に組みかえる。

○自由研究の時間を確保することで,生徒の自主活動を保証する。
○生徒が調査語を選べるようにするのがポイントなので,選択肢を増やす方向で,さらに教材研究を深める。
◎法則性のあるもの,結論が明らかになっているものの数を増やして,生徒がある程度自由に選んでも,学術性が確保されるものを調査語として設定する。
○スキルを定着させるために繰り返し学習する指導過程を組み入れるが,日本語の多様性に気づかせるような仕掛けももう一方に必要である。
○生徒が日常の生活語に新たな発見を見いだすような発展学習を単元に組み込む。
○方言だけを学習させるのではなく,共通語と比較させる視点をもたせる。
○国語科という教科学習だけではなく,総合的な学習の時間なども連結させて,発展的な学習を最後に設定する。
◎小集団学習から個人テーマを設定する個人研究に進めるような,多様な学習形態を組み込む。

③討論のまとめ

　学問的な成果として,基本的な概念や探究方法を子どもに教えようという学問中心カリキュラムを実践したケースです。このケースによって,学問的レベルの高い教育内容と方法を学ぶことができますが,他方,子どもの興味・関心や学習の自由度などを軽視する危険性もあります。

　学問中心カリキュラムには,このような長短所があって,その短所をどのように補うのかという点にも目を向けてください。参加者から出された意見をもう一度振り返って,長短所を確認して終わります。

(7) 参考文献

(1)　真田信治,『方言は絶滅するのか－自分のことばを失った日本人－』(PHP新書,2001年)には,次のように表現されています。
　「話し言葉でしか使われず,完全に自分のうちにあって,対象化されることの少ない方言を,国語教育の場において,客観的な観察の対象として,そこにひそむ法則性に目を向けさせることは,これまで見過ごされてきた現実に対する再認識の機会を与えるだろう」

(2)　米田猛『言語教材としての「方言教材」の意義』(「表現指導　音声言語授業分析研究(3)」所収)には,次のように表現されています。
　「言語を直接に学習対象とする教科は国語科である。『言語』を客観的に観察し,何が問題かを把握する能力は,自分の言語運用能力に必ず力となる。日常,学習者の意識にのぼらない『言語』を意識にのぼらせ,自覚させるのは国語科の任務である。それは,生活と言語の関

係も考えさせることになる」

(3)　相澤秀夫『言語事項を「楽しく学ぶ」ということ』(『実践国語研究』明治図書, 2003年8月9月合併号　所収)には, 次のように表現されています。
「『言語事項を楽しく学ぶ』ということは, 単に学習活動及びアイディアの目新しさや珍しさを指すのではない。母語に対する認識を新たにするということである。本来, 国語教室は『言葉を学ぶ場』である。ふだん無意識に使い, 空気のような存在である日本語について立ち止まり, 向き合って認識を新たにする場である」

第3章−4

情報モラル：一難去って，また一難

"いまや教育のＩＴ化の時代。
これからはパソコンなど情報機器を活用した授業に積極的に取り組もう！"
40代の藤田先生は，6年の学級担任になったとき，このような目標を心に刻んで，パソコンのさまざまなソフトの使い方を勉強中である。

さて，2学期が始まり運動会の練習がたけなわとなったころ，藤田先生が休み時間に教室で宿題の点検をしていたとき，いつもは明るい奈々子がポツンと一人でいて，何かに悩んでいる様子。それで，「どうしたの？　元気がないね」と優しく声をかけた。

奈々子は，目に涙をいっぱいためながら，「私のブログに美紀が入って，勝手にひどい内容に書きかえたり，掲示板の書き込みを削除したりするの……。やめってって言っても，やめてくれないの」と言う。

藤田先生は，奈々子と美紀の2人が学校の休み時間や放課後もいつも行動を共にし，とっても仲がよいと思っていたので，びっくり仰天！　2人がインターネット上でメールや掲示板の書き込みを頻繁に行うだけでなく，それぞれが管理するブログのIDやパスワードを教え合っていたとはまったく知らなかった。

"おはよう"って言ったのに…

さっそく，美紀に「奈々子のブログを勝手に書きかえたり，掲示板の書き込みを消したりしているって。やめてと頼まれても，やめないって，ほんとう？」と尋ねてみた。しかし，素直に認めない。それで「警察に連絡して誰がブログを荒らしたかを調べれば，すぐに犯人がわかるよ」と話すと，ようやく自分が行ったことを認めた。

　美紀がぼそぼそ言った話をまとめれば，自分が登校したとき，奈々子に「おはよう！」と声をかけたが，別の友達と話し込んで，無視されたように思った。だから腹を立てて，ブログを荒らしたということである。

　それに対して，藤田先生は，「ブログ管理者になりすましたり，他人の著作物を勝手に書きかえたりするのは，"ネチケット"違反だ」ということを繰り返し言って，「今後このようなことは絶対しないように」と念を押した。それから放課後に，この事実と指導経過について奈々子と美紀の保護者に電話で連絡して，家庭でもインターネットの使い方を話し合っていただくようにお願いした。

　それ以降，2人は仲直りし，藤田先生もほっとしていたが，運動会が終わった10月初め，今度は，美紀が一人でポツンといることに気づいた。そこで，「美紀ちゃん，どうしたの？」と声をかけたところ，奈々子が自分のブログに美紀のこの前のネチケット違反の行いや美紀の身体的な特徴を列挙し，「意地悪」「キモイ」などの誹謗中傷を書き込み，それを見た学級のリーダー的存在の真佐子から「あんなこと書いて，友達でしょ！　ひどい人ね！」と冷たい言葉を浴びせられたというのである。

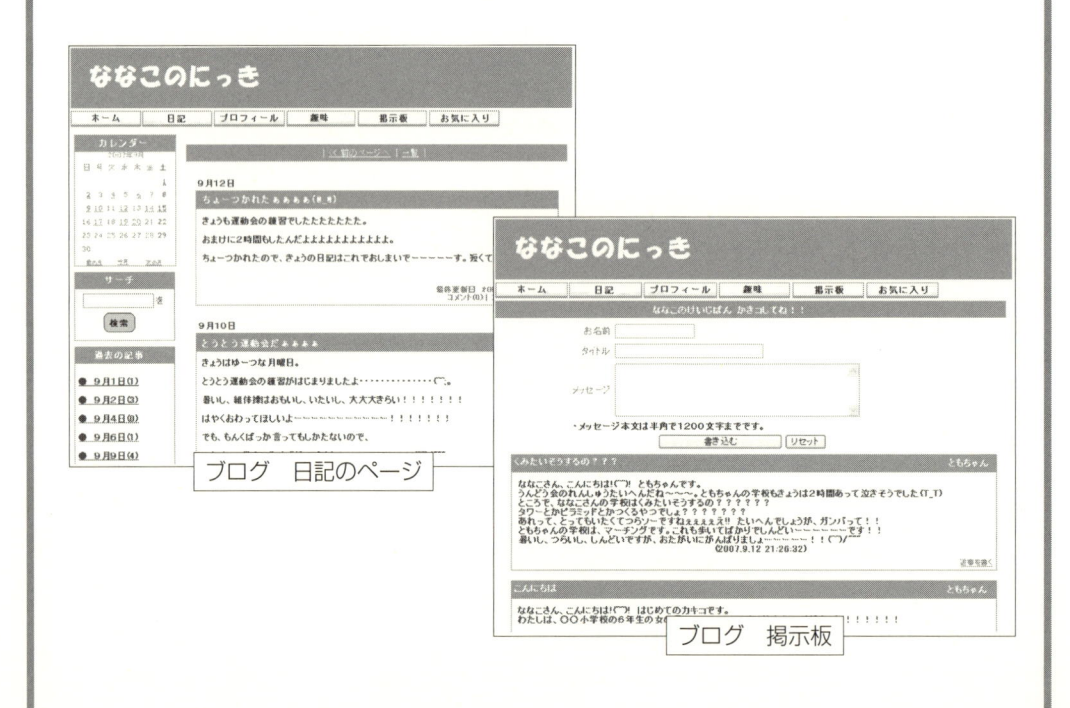

ブログ　日記のページ

ブログ　掲示板

そこで、藤田先生は、奈々子と美紀と真佐子の3人を呼び出し、事実関係を確認したあと、「特定の人物に関する誹謗中傷の書き込みや、書き込みがあった内容を鵜呑みにして直接行動に表すこともネチケットに反するから、決してしないように」と厳しく指導した。

そして、前回同様、それぞれの家庭に連絡したところ、美紀の父親からは「学校で情報モラルをどのように指導しているのか、納得いくよう説明してほしい」と言われ、奈々子の母親からは、「共稼ぎなので子どもの行動をいちいち監視できません。わが子がどのようにインターネットを使っているかもわかりません。学校でのご指導をよろしくお願いします」と逃げられた。さらに、真佐子の母親からは、「インターネットの使い方を先生に教えていただいたのに、このようなことになるということは、指導の仕方に問題があるということではないですか？」と教師の指導力に問題があるような言い方までされた。

藤田先生は、親も親であるが、まずはこれら3人の子どもたちにどのよう指導していけばよいかと考え込んでしまった。

> 私の指導が間違っていたのだろうか？

> モラルはいつの時代でも変わらないんだよ、子どもも教師も

設問1：美紀が奈々子のブログを荒らしたとき，どのような指導をしておけばトラブルの再発を防げたでしょうか。

設問2：保護者から情報モラルの指導の仕方について説明を求められたが，どのように答えれば学校での指導を理解してもらえたのでしょうか。

設問3：藤田先生が，このトラブルの状況と指導の経過を学校長に報告したところ，「情報モラル」に関する学校全体の指導計画を立てるように求められました。藤田先生のつもりで，その指導計画を立ててください。

4 情報モラル：一難去って，また一難

ティーチング・ノート

一難去って，また一難

（1） ケースの要約

　藤田学級（6学年）の美紀と奈々子は，メールや掲示板の書き込みを行うだけでなく，互いのブログのIDやパスワードを教え合うほど仲よしであった。2学期が始まり，運動会の練習がたけなわとなったころ，奈々子は，美紀が勝手に自分のブログに入って荒らしているという訴えを藤田先生にした。

　それでさっそく，美紀に確認したところ，登校時に奈々子に声をかけたが，無視されたように思ったので，その腹いせにブログを荒らしたということを渋々認めた。藤田先生は，ブログの管理者になりすましたり，他人の著作物を勝手に書きかえたりするのは"ネチケット"違反であることを繰り返し指導した。また，奈々子と美紀の保護者に電話連絡し，家庭でもインターネットの使い方を話し合うように依頼した。その結果，2人は仲直りし，問題が解決したように思われた。

　ところが運動会が終わったころ，今度は美紀がポツンと一人でいるので，藤田先生が声をかけると，奈々子が自分のブログに，美紀に対する誹謗中傷の内容を書き込み，それを見た学級のリーダー的存在の真佐子から冷たい非難の言葉を浴びせられたと言うのである。

　それで，藤田先生は，奈々子と美紀と真佐子の3人を呼び出して，事実関係を確認したあと，特定の人物に関する誹謗中傷や書き込まれた内容を鵜呑みにして行動することもネチケットに反すると話して，そのようなことをしないように厳しく指導し，前回同様それぞれの家庭に電話連絡した。

　しかし，3人の保護者からは，家庭が忙しいので何もできないが，学校で情報モラルの指導をお願いしたいとか，インターネットの使い方を指導していても，このような事態になるのは教師の指導力に問題があるのではないかというような言い方をされた。藤田先生は，これから子どもたちにどのよう指導していけばよいかわからなくなった。

（2） 研修対象

　小学6年生がブログに書き込みをして，誹謗中傷をしたケースですが，平成18年度文部科学省委託事業「情報モラル等指導サポート事業」で実施した調査によれば，小学生よりむしろ中学校や高校の生徒のほうがよく掲示板を使ったり，ブログを見ています。したがって，中高生のほうが小学生よりも今回のケースのような問題が起こる可能性は高いよ

（3） ケースの目標と準備物

このケースでは，参加者が小集団や全体で討論することによって，次の4つの目標を達成するようにしています。

① 情報モラルは，日常のモラルの延長線上にとらえることができ，インターネットにかかわるトラブルは，人権を侵害する深刻な問題であるということがわかる。
② 掲示板やブログにかかわる情報モラルの問題が生じたときに，どのような指導がよいかということを述べることができる。
③ このような情報モラルの問題について，教師は，どのように家庭と緊密な連携をとればよいのかということを述べることができる。
④ 子どもの発達段階を踏まえて，情報モラルの系統的な指導計画を立てることができる。

準備物としては，ケースのプリント（A4判2枚，計A3判1枚，名前を必ず明記させること）とケースにかかわる情報モラル用語集（巻末に掲載）を用意してください。

（4） ケースの設問とキーワード

ケースの設問は，下記の3つです。なお，学校ケースメソッドの第2段階に設けている小集団の話し合いは，小集団としてまとまった結論を引き出すことが目的ではなく，一人一人の参加者の考え方の幅を広げたり，論拠を修正したり，強化するために行うことが原則です。ただし，このケースの【設問3】では，情報モラルの指導計画を立てることを求めているので，小集団での話し合いの際に，【設問3】に限っては，小集団で協力して作成するように指示してください。

3つの設問と全体討論で出てくると予想されるキーワードは，次のようなものです，特に，なりすまし，個人情報の保護，差別・誹謗中傷が重要です。

【設問1】美紀が奈々子のブログを荒らしたとき，どのような指導をしておけばトラブルの再発を防げたでしょうか？
【設問2】保護者から情報モラルの指導の仕方について説明を求められたが，どのように答えれば，学校での指導を理解してもらえたでしょうか？
【設問3】藤田先生が，このトラブルの状況と指導の経過を学校長に報告したところ，「情報モラル」に関する学校全体の指導計画を立てるように求められました。小集団で情報モラルの指導計画を立ててください。

4 情報モラル：一難去って，また一難

> キーワード：
> 情報モラル，ネチケット，掲示板，ブログ，著作物の保護，なりすまし，個人情報の保護，差別・誹謗中傷，ルールや決まり（法律）の遵守，荒らし

（5）分　析

①ケースの背景

今日の情報化は，私たちの想像以上に進んでおり，子どもたちがインターネットにかかわるトラブルにいつ，どこで遭遇してもおかしくない状況になってきています。したがって，教員も情報モラルに関する研修を受ける機会が増えてきているのですが，その大部分は情報化の光と影に関する説明であり，参加者は受け身的に聴くものが多く，実際にトラブルが起こった場合にどう対処すればよいかを具体的に研修することはほとんどありません。

このケースでは，小集団や全体で討論をするだけでなく，【設問3】では，情報モラルに関する学校全体の指導計画を立てて，参加者全体に提案することを求めています。情報モラルは，掲示板やブログ以外にフィッシング，チェーンメールなどいろいろなケースで求められますが，このケースによる参加者同士の討論を，これらの問題について関心をもつ機会としてください。

②中心となる用語や概念

【情報モラル】

「『情報社会で適正な活動を行うための基になる考え方と態度』であり，日常生活上のモラルに加えて，コンピュータや情報通信ネットワークなどの情報技術の特性と，情報技術の利用によって文化的・社会的なコミュニケーションの範囲や深度などが変化する特性を踏まえて，適正な活動を行うための考え方と態度が含まれます」

そして，「情報モラルの基本的な考え方」として，次のようにとらえています。

> 人と人との間のコミュニケーション
> 　人権への配慮
> 　─○差別・誹謗中傷の回避，知的所有権，プライバシー
> 　文化的・社会的な環境，考え方の違いへの配慮
> 　─○予見や憶測による誤解の回避，適正な意見情報交換
> 　技術的な環境の違いへの配慮
> 　─○情報機器の方式の相違，共通のデータフォーマットの利用
> 　コンピュータや情報通信ネットワークの特性への配慮
> 　─○影響範囲の理解，コンピュータ犯罪，ネットワーク使用犯罪の回避

〈文部科学省『インターネット活用のための情報モラル指導事例集』財団法人 コンピュータ教育開発センター，2003年，8頁〉

【ネチケット】

　ネットワーク上でのエチケット，マナーのこと。他人の悪口を電子掲示板などに書かないという日常生活のエチケットやマナーと共通するものと，相手に事前に連絡することなく，大きなデータファイルを添付したメールを送らないといったネットワーク特有のエチケットがあります。

〈「情報モラル教育」指導手法等検討委員会『すべての教師のための「情報モラル」指導実践キックオフガイド』
社団法人　日本教育工学振興会，2007年，43頁〉

【新学習指導要領における情報モラルの取扱い】

　平成10年版学習指導要領では，情報モラルは，小学校では扱われず，中学校の技術科の「B　情報とコンピュータ」の中で「イ　情報化が社会や生活に及ぼす影響を知り，情報モラルの必要性について考えること」と記していただけでした。

　しかし，平成20年版の小学校学習指導要領では，情報モラルについて，次のように言及しています。

〈第1章　総則　第4　指導計画の作成等に当たって配慮すべき事項〉

　(9)　各教科等の指導に当たっては，児童がコンピュータや情報通信ネットワークなどの情報手段に慣れ親しみ，コンピュータで文字を入力するなどの基本的な操作や情報モラルを身に付け，適切に活用できるようにするための学習活動を充実するとともに，これらの情報手段に加えた視聴覚教材や教育機器などの教材・教具の適切な活用を図ること。

〈第3章　道徳　第3　指導計画の作成と内容の取扱い　3　道徳の時間の配慮事項〉

　(5)　児童の発達の段階や特性等を考慮し，第2に示す道徳の内容との関連を踏まえ，情報モラルに関する指導に留意すること。

　また，平成20年中学校学習指導要領でも，次のように情報モラルを取り上げています。

〈第1章　総則　第4　指導計画の作成等に当たって配慮すべき事項〉

　(10)　各教科等の指導に当たっては，生徒が情報モラルを身に付け，コンピュータや情報通信ネットワークなどの情報手段を適切かつ主体的，積極的に活用できるようにするための学習活動を充実するとともに，これらの情報手段に加え視聴覚教材や教育機器などの教材・教具の適切な活用を図ること。

〈第2章　各教科　第2節　社会　第3　指導計画の作成と内容の取扱い〉

2．(省略)資料の収集，処理や発表などに当たっては，コンピュータや情報通信ネットワークなどを積極的に活用し，指導に生かすことで，生徒が主体的に情報手段を活用できるよう配慮するものとする。その際，情報モラルの指導にも配慮するものとする。

〈第2章　各教科　第8節　技術・家庭　D　情報に関する技術〉

(1) 情報通信ネットワークと情報モラルについて，次の事項を指導する。
　ウ　著作権や発信した情報に対する責任を知り，情報モラルについて考えること。
〈第3章　道徳　3　道徳の時間における配慮事項〉
(5) 生徒の発達段階や特性等を考慮し，第2に示す道徳の内容との関連を踏まえて，情報モラルに関する指導に留意すること。

【掲示板の便利な点と気をつける点】
《便利な点》
・遠くの人とメッセージを交換できる。
・多くの人に質問できる。
《気をつける点》
・人を傷つけることは書かない。
・名前や電話番号などの個人情報は書かない。
・表情が見えないので，込み入った話はしない。
・返事をもらったら，お礼を書く。

〈野間俊彦『Q＆Aで語る情報モラルの基礎基本』明治図書，2005年，90頁〉

③　おもな質問や争点

質問1：このケースのように，ブログや掲示板等の書き込みがあった場合，一般的にはどのような対応をするのですか？

　兵庫県教育委員会の教職員のための情報モラル研究教材『すべての教職員が身につけておきたい情報モラル』（平成17年3月，付9）によれば，次頁のような対応手順で進めるとしています。
　ただし，学校ケースメソッドで今回取り上げたケースは，このような学外を巻き込んだ問題ではなく，子ども同士の問題ですから，そのまま当てはまりません。

質問2：このようなケースでは，法的にはどのような問題がありますか？

《掲示板やブログに悪口を書いた》
　名誉毀損罪（刑法230条，民法723条）で3年以下の懲役または禁固または50万円以下の罰金の損害請求をすることができる。

《友達の悪口をブログに載せた》
　プライバシー権（憲法13条）
　本人の名前など許可なく個人情報を公開した場合はプライバシーの侵害となる。

第3章 学校ケースメソッド教材集

インターネット上でのトラブルへの対応

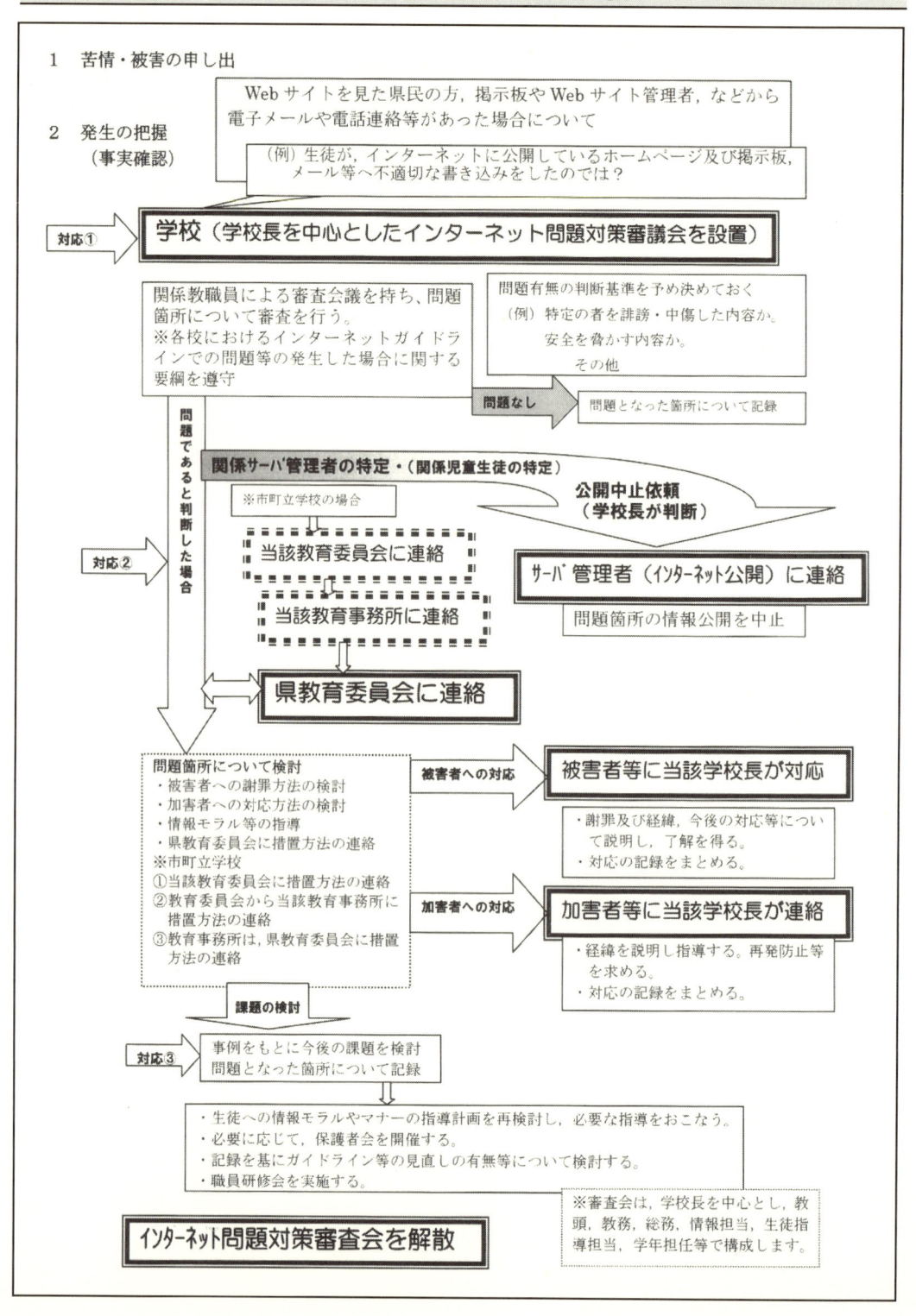

1　苦情・被害の申し出

2　発生の把握
　　（事実確認）

Webサイトを見た県民の方，掲示板やWebサイト管理者，などから電子メールや電話連絡等があった場合について

（例）生徒が，インターネットに公開しているホームページ及び掲示板，メール等へ不適切な書き込みをしたのでは？

対応① → **学校（学校長を中心としたインターネット問題対策審議会を設置）**

関係教職員による審査会議を持ち，問題箇所について審査を行う。
※各校におけるインターネットガイドラインでの問題等の発生した場合に関する要綱を遵守

問題有無の判断基準を予め決めておく
（例）特定の者を誹謗・中傷した内容か。
　　　安全を脅かす内容か。
　　　その他

問題なし → 問題となった箇所について記録

問題であると判断した場合

関係サーバ管理者の特定・（関係児童生徒の特定）

※市町立学校の場合
当該教育委員会に連絡
　↓
当該教育事務所に連絡

公開中止依頼（学校長が判断）

サーバ管理者（インターネット公開）に連絡
問題箇所の情報公開を中止

対応② →

県教育委員会に連絡

問題箇所について検討
・被害者への謝罪方法の検討
・加害者への対応方法の検討
・情報モラル等の指導
・県教育委員会に措置方法の連絡
※市町立学校
①当該教育委員会に措置方法の連絡
②教育委員会から当該教育事務所に措置方法の連絡
③教育事務所は，県教育委員会に措置方法の連絡

被害者への対応 → **被害者等に当該学校長が対応**
・謝罪及び経緯，今後の対応等について説明し，了解を得る。
・対応の記録をまとめる。

加害者への対応 → **加害者等に当該学校長が連絡**
・経緯を説明し指導する。再発防止等を求める。
・対応の記録をまとめる。

課題の検討

対応③ → 事例をもとに今後の課題を検討
問題となった箇所について記録

・生徒への情報モラルやマナーの指導計画を再検討し，必要な指導をおこなう。
・必要に応じて，保護者会を開催する。
・記録を基にガイドライン等の見直しの有無等について検討する。
・職員研修会を実施する。

※審査会は，学校長を中心とし，教頭，教務，総務，情報担当，生徒指導担当，学年担任等で構成します。

インターネット問題対策審査会を解散

質問3：掲示板への書き込みで事件になったことがありますか？

　ある高校で不幸な事故があり，その高校に電子掲示板があることがマスコミで紹介されると，最初のうちは暖かいメッセージが寄せられていましたが，遠隔地に住む大学生が通っている大学のパソコンを使って悪意のある書き込みをし，電子掲示板システムを攻撃して，ダウンさせてしまうということが起こりました。

〈大阪府教育委員会『情報モラル指導資料』（平成19年増補改訂），21頁〉

争点1：【設問3】で求めている情報モラルの指導計画はどのようにつくるのでしょうか？ 例えば，小学校低学年なら生活科，中学年以降は総合的な学習に入れ込んでよいですか？

　はい，小学校では，新学習集指導要領の総則と道徳で部分的にふれている程度ですので，ここで求めているような情報モラルの学校カリキュラムをつくるとすれば，低学年は生活科で，中学年と高学年は総合的な学習の時間で設定していただいてけっこうです。中学校なら3ヶ年の総合的な学習にしてもけっこうですし，あるいは社会科，技術・家庭科，道徳と絡めた計画となるのではないでしょうか。

　なお，指導計画は，最初に「何を教えるのか」という範囲（スコープ）を設定しなければなりません。情報モラルについては，今回のケースのような掲示板やブログへの書き込みによる誹謗中傷だけでなく，フィッシングやメールなど全体を見渡したものにしてください。そして，範囲が定まれば，次に「どの順番に教えるのか」という配列（シークエンス）を決めてください。

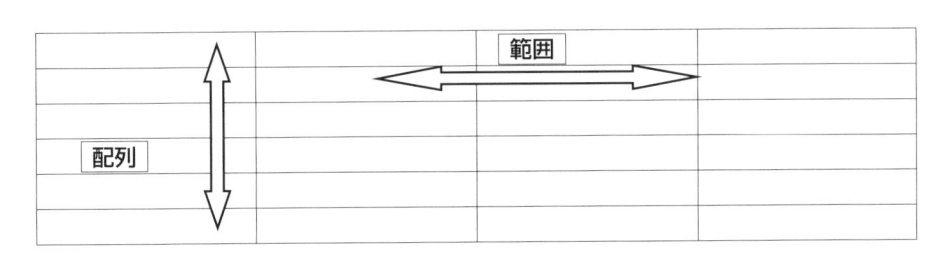

		範囲	
		←→	
配列			
↕			

　なお，次のホームページには，情報モラルに関する学年別の指導計画づくりに参考になる資料が掲載されています。

・福島県教育センター（http://www.center.fks.ed.jp/18joho/moral/keikaku.html）

〈「すべての先生のための情報モラルキックオフガイド」（社団法人　日本教育工学振興会，平成18年）〉

・http://www.kayoo.org/moral-guidebook/pamph_pdf/index.html

争点2：情報モラルを問題にしているのに，人間関係の問題に変わってしまっているのではありませんか？

　はい，そのとおりです。しかし，情報モラルに関するトラブルは，人間関係のもつれに起因する場合が多く，単に情報モラルについての指導を行うだけでなく，人間関係の修復

に努めることが大切です。また，インターネットを自由に利用する場面は家庭で多く見られることから，家庭と連携しながら指導していくことも重要です。何らかのトラブルが起こった際には，当事者間の指導にとどまらず，必要に応じて学級・学校レベルの全体指導を行うことが問題の拡大や再発を防ぐうえで大切でしょう。それらを図示すると，以下のようになります。

① 人間関係の修復
　・トラブルに陥った原因の解決
　・トラブルになった行為に対する指導
　・事後の経過観察
② 家庭との連携（保護者への対応）
　・指導の経過説明
　・家庭での経過観察，指導等依頼
③ 全体（クラス・学校レベル）指導

（6） 指導方法
①基本的な進め方

　学校ケースメソッドでは，通常，個人から小集団，最後に全体討論と進み，参加者一人一人の意見や感想を発表しながら進められますが，この「一難去って，また一難」のケースでは，【設問3】で小集団による学校全体の情報モラルの指導計画（カリキュラム案）を提案し，模造紙等にまとめる必要がありますので，小集団での話し合いの時間を通常の30分から45分程度まで延長してください。それでも指導計画ができなければ，全体討論において小集団単位で固まって座ってもらい，【設問1】から【設問2】と進んだり，【設問3】で小集団作業の時間をとり，それが完成してから，小集団の代表が自分たちの案を発表したり，板書したりするように進めます。

　なお，次のような点にも留意してください。

・小集団別の話し合いでは，ある程度情報モラルに詳しい人をそれぞれの小集団に1名は配置するようにする。
・全体討論では，活発に意見が出るよう，各設問の初めには，あとに意見をつなげやすい発言をしてくれると思われる人を指名する。
・参加者の発言に傾聴するよう心がけ，できる限りの内容を引き出そうとする。

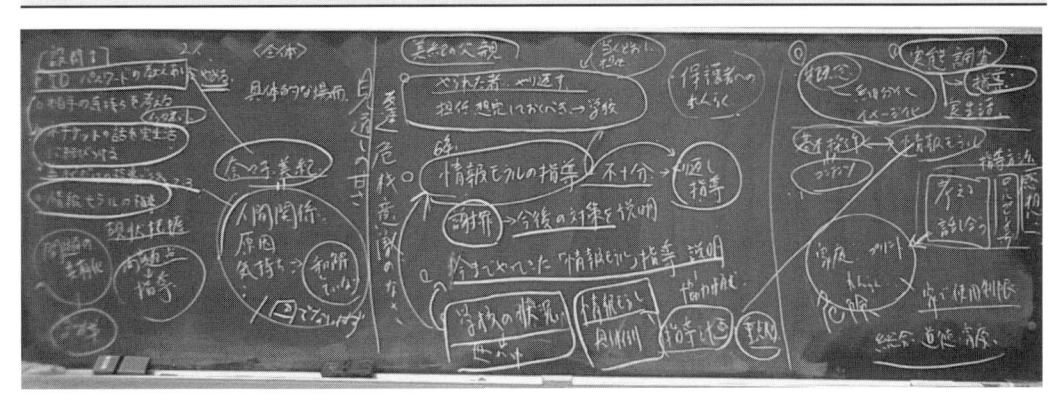

4 情報モラル：一難去って，また一難

「情報モラル：一難去って，また一難」の板書例

②各設問とその回答例

【設問1】 美紀が奈々子のブログを荒らしたとき，どのような指導をしておけばトラブルの再発を防げたでしょうか？

以下のような意見が出てくるかもしれません。それらを板書に集約し，（5）の「分析」に示すように，幅広い指導が必要であったことを理解できるようにまとめてください。

○他人のID・パスワードを勝手に使う"なりすまし"や誹謗中傷を書き込むことは，人権を侵害し，法にふれる重大な行為であることを，もっとていねいに指導しなければならない。

○美紀と奈々子の関係がもつれた原因を押さえて，わだかまりを解く。

○クラス全体に，インターネットを利用する際にはルールやマナーを守るよう指導する。

◎当初のトラブルが発生したとき，2人に対する指導にとどまらず，よく似た別の事例を使って学級全体に道徳の時間等を使って指導すべきである。その際に，単なる落書きではなく人権問題であることを強調する。

○美紀に脅すような指導をしても効果はない。

◎子どもに対して脅しをかけていると，子どももまた不安な気持ちになる。子ども相手ということを念頭におき，その気持ちを考え，自分の指導力不足も反省すべきである。

◎美紀と奈々子の保護者にも電話連絡ではなく直接会って，事実経過だけでなく今後の学校側の指導について説明し，さらに家庭での指導やケアをお願いする。

◎美紀のブログ荒らしを中心に指導するのではなく，それ以前の「無視された……」という話をもう少し深く聞いてやり，お互いの気持ちをわかり合えるようにすべきであった。

○家庭への連絡を電話ではなく，直接保護者と会って問題の重要性を伝え，家庭の協力

143

をお願いする。

【設問2】保護者から情報モラルの指導の仕方について説明を求められたが，どのように答えれば，学校での指導を理解してもらえたでしょうか？

○日ごろの学習の中で人権意識を高めていくことを大切に指導している。

○情報モラルについては計画的・系統的に取り組んでいる。

○教師は，まず保護者から信頼してもらえる関係づくりをする。

◎学校での指導に問題がなかったか検証中であると説明し，保護者の方にもご心配をかけたことをお詫びしたうえで，学校はインターネットを使ううえでのルールやマナーを教えてきたことを伝える。さらに，家庭でもネットで発信できる環境にあるならば，責任やルールについて話し合ってもらう必要があることをお願いする。

◎ブログや掲示板の長所や短所について考え，よりよい活用の仕方を考える機会を設けていることを保護者に伝える。そして，各家庭にそのようなことを啓発するプリントを配布する。

△こういう保護者の場合，何を言っても無駄だが，学校で指導していることをはっきりと伝え，今回のような学校外のことについては，家庭の責任が大きいことを力説する。

なお，保護者の理解を得るための具体的方策が出てこない場合には，「どのように伝えれば，保護者に理解してもらえるか」と問いかけ，生徒指導上の問題行動が起こった際の対応などを例示します。また，家庭での協力を依頼する際の具体的な内容についても話し合ってください。

【設問3】藤田先生が，このトラブルの状況と指導の経過を学校長に報告したところ，「情報モラル」に関する学校全体の指導計画を立てるように求められました。小集団で情報モラルの指導計画を立ててください。

全学的な指導計画で最もむずかしいのは，（5）の「分析」の争点1（141頁）で説明しているように，情報モラルで「何を教えるのか」という範囲（スコープ）を特定することです。ここでは，小集団で指導計画を発表させ，相互によい点や改善点等を評価させるのがよいでしょう。

なお，争点1に紹介しているような文献を参考にして，あまりにも適切ではない範囲（スコープ）が出てくれば，訂正等をしてください。例えば，前掲の『すべての先生のための「情報モラル」指導実践キックオフガイド』では，①倫理社会の倫理，②法の理解と遵守，③安全への配慮，④情報セキュリティ，⑤公共的なネットワーク社会の構築。また，福島県教育センターでは，(a)プライバシー・個人情報，(b)肖像権・著作権，(c)情報の信頼性と有害情報，(d)コミュニケーション上のルールとマナー，(e)健康上の問題，(f)情報社会のセキュリティ，がスコープに設定されています。

この設問では，情報モラルの全学的な指導計画のつくり方を体験してもらうことを第1目標にしてください。それができれば，上のようなスコープを念頭におき，似たようなものが出てきたら，多少言葉を言いかえて，スコープを整理していくほうがよいでしょう。

　なお，私たちの研修では，前記のようなものも一部出ましたが，それ以外に次のようなものが提案されています。
　○情報を選択する力
　○情報を活用する力
　○個人情報を守る力
　○ネチケットのマナーとルール
　○問題を解決する力

　次に，「いつ教えるべきか」という配列（シークエンス）の作業に入りますが，子どもの発達や地域性や学校のパソコン環境を勘案して各学年や小・中・高学年等に割り当ててください。

③討論のまとめ

　繰り返し述べたように，【設問3】は，それぞれの小集団での指導計画案の発表であり，とりわけスコープの取り方を比較対照しながら，スコープとして大切な点について枠で囲むなどして強調することです。小集団の案の中で"どれがよいか，どれが悪いか"という特定をすることは避けてください。

　そして，各小集団で，「この研修で何を学んだか，ひとことで言えば」ということを話し合わせ，代表にその発表をしてもらい，それに対する進行役としてのコメント等を行って終わります。

（7）　参考文献

(1)　文部科学省『インターネット活用のための情報モラル指導事例集』財団法人　コンピュータ教育開発センター，2003年

(2)　「情報モラル教育」指導手法等検討委員会『すべての教師のための「情報モラル」指導実践キックオフガイド』社団法人　日本教育工学振興会，2007年

(3)　文部科学省『情報教育の実践と学校の情報化－新「情報教育に関する手引き」－』文部科学省，2002年

(4)　文部科学省『初等中等教育の情報教育に係る学習活動の具体的展開について』文部科学省，2006年

(5)　兵庫県教育委員会『すべての教職員が身につけておきたい情報モラル』兵庫県教育委員会，2005年

（6） 文部科学省『情報モラル指導事例集』財団法人コンピュータ教育開発センター，2001年
（7） 野間俊彦『Q＆Aで語る情報モラルの基礎基本』明治図書，2005年
（8） 大阪府教育委員会『情報モラル指導資料』大阪府教育委員会，2007年
（9） 「情報モラル教育」指導手法検討委員会「すべての先生のための情報モラルキックオフガイド」社団法人　日本教育工学振興会，2006年
（10）堀田龍也編著『事例で学ぶNetモラル』三省堂，2006年

■**情報モラルの用語集**（本ケースに関係するもののみ）
【個人情報】
個人が誰かを識別できるような情報すべての総称。氏名，年齢，住所，本籍，電話番号，所得，学校や会社，政治的見解，趣味や嗜好などである。
【著作権】
著作者が創作した著作物（小説，音楽，美術，映画，絵，文章，写真など）を保護するための権利。
【電子掲示板】
不特定の多数の人が自由に自分の意見を書き込めたり，大勢の人に瞬時にメッセージを伝えることができたりするコミュニケーションのツール。
【ブログ】
日記や個人的な主張などを，簡便な方法で作成し，公開できるWebサイト。
【チャット】
複数の人と同時に，文字で会話できるシステムを用いて，パソコンを使って文字で会話すること。
【荒らし】
チャットや掲示板などで意味のない言葉や文字を羅列したり，悪意ある発言を書き込んだりすること。
【なりすまし】
メールや掲示板やチャットなどにおいて，簡単に他人の名前を語ったり，別の人になりすましたりすること。自分のIDやパスワードを十分管理しない場合，なりすましの被害に遭うことにもなる。
【誹謗中傷】
根も葉もない悪口で他人の名誉を汚して，卑しめること。ネットワーク上では，情報は素早く伝わり，その範囲も広い。

［参考文献］
・堀田龍也編著『事例で学ぶNetモラル』三省堂，2006年
・デジタル大辞泉

第3章-5

軽度発達障害：空気を読めない翔ちゃん

　「ほんとうに今年はこんな学級で，運が悪いわ」

　「あの子さえいなければ……」と，6年1組担任の中田先生は何度思ったことか。

　4月の始業式の日，「6年生は最高学年，みんなの手本になって」という話をしていると，森田翔が「先生，先生」と言って，見当違いの発言をする。「いまはこの話をしているので，ちょっと待ってね。それはあとで説明するから」と言って制しても，またしばらくすると「先生，先生」と言って，違う質問をしてくる。そのとき，この子はその場で言ってよいことと悪いことの区別ができない子，つまり空気の読めないような"要注意人物だな！"と直感した。とはいえ，中田先生も教職経験20年のベテラン先生。学級のルールづくりを子どもたちと一緒に行い，"してはならないこと"だけでなく，授業中でもさきに結論を言って，それから理由を言うようなルールを取り決め，トラブルメーカーになりそうな森田翔に対しては，まずは彼の行動をよーく観察することから始めた。

　予想どおり，森田は，学級の子どもたちから嫌われていた。ほとんどの女の子は，彼の言動を無視して，かかわりをもたないようにしている。学級会で給食係を決めていたとき，森田が「5年の給食，4年に比べてパンが多くて，ご飯が少なかったもん。カレーライスをもっとほしいから，給食係ゲット」と立候補したので，元気のよいリーダー格の女の子から「もっと真面目にやれ」と注意され，彼は，ワオーと両手を広げて肩をすぼめながら，その場を取りつくろっていたことがあった。

しかし，男子に対しては執拗でなかなか引き下がらない。5月の連休明け，少年野球チームのレギュラー外野手である森田は，数日前の試合で失策したチームメートに対して「お前のせいで，あの試合に負けた。これで13回目，下手くそ！」と，学校に来ても繰り返し文句を言い続けた。

　ちょっと騒動になったこともある。中田先生は，総合的な学習の時間にパワーポイントを使って調べたことをまとめる課題を出し，パソコン操作に堪能な川合君と鬼頭君にわからない子の手助けをするように指示して出張に出た。ところが，森田は，イチロー関連のホームページばかり見ている。それで鬼頭君が注意したがやめなかったので，授業後，中田先生にそのことを報告した。当然，中田先生は森田を呼び出して注意したのだが，翌日午前中の大休みのとき，彼は鬼頭君に対して「言いつけたな。先生の前でいい子になって，ムカツク」と言うと同時に，平手でピシャっと顔を叩いて泣かしてしまった。

　そんな森田であるが，"翔ちゃん"と呼んでくれる友達も一人だけいる。パソコンが得意で，少年野球チームでもエースピッチャーを務める川合君である。

　ただし，川合君は納得がいかなければ，教師に対してさえ強く反発する自我の強い子で，靴の縁を踏んでだらしなく履いているので注意すると，「そんなこと僕の自由です」と徹底的に反抗したので，中田先生も意地になって，「ルールを守らないと，信用をなくす。それでは，社会に出てやっていけない」と10分間ぐらい厳しく叱ったが，どうしても言うことを聞かなかった。

　要するに，5月中旬までに中田先生は，森田と川合を何とかしなければ，学級経営もうまくいかないということを悟った。そして，学級づくりでは，子どもたちの言動を誉め，細かいことは言わずに，自分でできることはさせるという方針で臨み，宿題忘れの常習犯でもある森田と川合には，教師とのやりとりをする特別な連絡帳を渡して，コミュニケーションの円滑化を図ろうとした。

　それにしても，森田の発言は，子どもだけでなく中田先生にも理解できないことが多い。

5 軽度発達障害：空気を読めない翔ちゃん

先日も,「5月の連休に家族とどこに行った」と尋ねると,森田がわれさきに手をあげて「大阪城！」と言い,その後で,「屏風で裸の男が戦っていて……」とわけのわからないことを言い始めたので,学級の子どもたちは白けてしまった。

> 中田先生,
> 子どもを色眼鏡で
> 見ないように！
> 翔ちゃん,
> いいとこあるじゃない

設問1：翔ちゃんの問題点,好きなこと,得意なことをそれぞれ列挙しなさい。

設問2：翔ちゃんの言動に対して教師がやるべきことは何ですか。できるだけたくさんあげなさい。

設問3：翔ちゃんの保護者とは,これからどのような連携をとっていくべきでしょうか。

軽度発達障害：
空気を読めない翔ちゃん［パート2］

　連絡帳も，川合は義務的ながら書いてくるが，森田は文章力が不足しているからか，なかなか書いてこないので，思ったほどの効果が期待できそうにない。それで，同僚の岡島先生に森田の扱いについて相談したところ，「森田に特別支援教育が必要とまでは思いませんが，このようなとらえ方で見直してみると，何がほんとうに解決すべき問題かわかるかもしれませんね」と言って，大学の公開講座でもらったプリントを渡してくれた。

　また，家庭での協力も必要と思って，母親に電話連絡して家での様子を聞くと，「自宅では"翔ちゃん"って呼んでいますが，一人っ子のせいで甘やかして，私があれこれ手をかけすぎたからかもしれませんけれど，気ままで困っています。父親は，出張で家にいることも少なく，私だけではどうにもなりません。先生，何とかなりませんか」と逆に相談されてしまった。

　その話を聞いて，"最近の親って勝手だなあ"と痛感するとともに，残る10ヶ月あまり，この子とおつき合いしなければならないかと思うと，暗澹たる気持ちになった。

> 私だけではどうにもなりません
> 先生，何とかなりませんか

> 最近の親って勝手だなぁ

問題行動併発（Behavioral Comolications）の図式

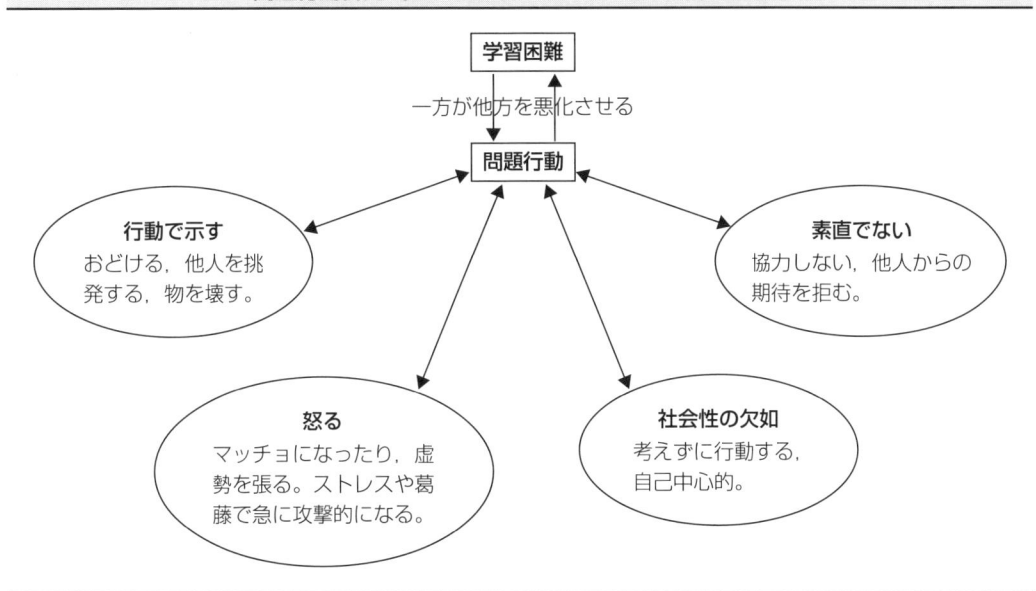

```
                    学習困難
                       ↑
              一方が他方を悪化させる
                       ↕
                    問題行動
```

- **行動で示す**：おどける，他人を挑発する，物を壊す。
- **怒る**：マッチョになったり，虚勢を張る。ストレスや葛藤で急に攻撃的になる。
- **社会性の欠如**：考えずに行動する，自己中心的。
- **素直でない**：協力しない，他人からの期待を拒む。

ケースの子どもに該当する兆候に○を付けなさい。

問　題　行　動　の　兆　候	
全体的に (1) 友達がなかなかできない。 (2) 他の子どもをいらいらさせたり，反感を抱かせたりする。 (3) 他人には受け入れがたいようなことを考える。 (4) 学級や学校内で受け入れられていない。	**怒りと攻撃** (9) 社会的な葛藤に対しては，叩く，蹴る，押す，叫ぶというような不適切な身体表現で反応する。 (10) 過度に言い張る。
行動で示す (5) 不適切な行動やおどけて，教育活動の邪魔をする。 (6) 事前に考えないで行動する。	**社会性の欠如** (11) 感情を理解したり，伝えたりすることができない。 (12) 場や時を考えずに不適切なことを言う。 (13) 他人が自分にどのように反応するのかとはめったに考えない。 (14) 会話の始め方や加わり方を知らない。 (15) 非言語的な手がかりに気づいたり，利用したりすることができない。
素直でない (7) 課題などをすることを嫌がる。 (8) 学校や教師などの権威に反抗する。	**疎外感** (16) ひとりぼっちである。 (17) 将来に希望を抱いていない。

All Kinds of Minds, *Behavioral Complications (DVD vieo overview)*, WGBH Boston Video, 2007, p.5-6.

ティーチング・ノート

空気を読めない翔ちゃん
安藤輝次

（1） ケースの要約

　このケースは，小学6年生の翔ちゃんに学級開きのころから悩まされた中田先生の5月までの歩みをたどったものである。先生は，始業式から話の腰を折る森田翔を要注意人物としてマークしてきたが，よーく観察してみると，勝手な理由づけをして学級の給食係に立候補したり，特に男子に対しては，ムカツクとか，くどくど文句を言い続けたり，殴って相手を泣かしたりするような問題行動があった。

　唯一の友達の川合とは，少年野球のチームメートということもあり，彼のエースピッチャーとしての実力も認めていたので，よい関係を保っている。ところが，その川合も納得いかないことがあれば，なかなか譲らないところがあって，中田先生の学級経営上，森田と川合をどのように処遇するのかということが重要な問題となってきた。

　森田の家庭では，父親は出張で不在になりがちである。そのため，一人っ子として甘やかして育てたことを，母親はいまになって後悔して，「どうしたらよいか」と教師に泣きつく始末。中田先生は，これから10ヶ月をどうすべきか暗澹たる気持ちになっている。

（2） 研修対象

　小学4学年以上の教員を対象とする研修で扱うケースです。近年，このケースに登場する"翔ちゃん"のように，友達に対して攻撃的で，学級内で孤立しており，不規則発言によって授業の進行を妨げる子どもが増えてきました。教師は，念入りに教材研究をして，発問や資料を工夫した授業をしても，このような子どもがいると，ほかの子どもにも悪い影響を及ぼして授業がうまくいきません。このケースは，子どもの思いを受けとめるカウンセリングマインドが教師に求められていることを気づかせてくれます。

（3） ケースの目標と準備物

　このケースに関する討論を通じて，次の事柄を達成することを目標としている。
① 問題行動の子どもに対して，その問題点や短所を的確に見きわめて，それを解消するための手だてを考えることができる。
② 問題行動の子どもに対して，得意なことや好きなことに着目して活用しながら，問題点を改善する手だてを考えることができる。

③ 問題行動の子どもに対して，学校と家庭との連携を深めながら，教育面や生活面で適切な手だてを提案することができる。

このケースでは，全体討論の途中からパート2としてＡ4判1枚と資料1枚の計2枚を追加して進めていくものです。したがって，パート2は，進行役が参加者人数分の2種類のプリントを印刷して用意しておかなければなりません。なお，設問のプリントには，名前を明記してください。

（4） ケースの展開とキーワード

学校ケースメソッドにおける全体討論は，このケース教材の最後に示した次の3つの設問を中心に展開されることになります。そして，キーワードは，下枠の通りですが，特に問題行動，共感，社会的認知，長期記憶などが重要です。

【設問1】翔ちゃんの問題点，好きなこと，得意なことをそれぞれ列挙しなさい。
【設問2】翔ちゃんの言動に対して教師がやるべきことは何ですか。できるだけたくさんあげなさい。
【設問3】翔ちゃんの保護者とは，これからどのような連携をとっていくべきでしょうか。

> キーワード：
> 信頼，共感，見取り評価，問題行動（行動で示す・規則を守らない・怒りと攻撃・社会性の欠如），社会的認知（言語を使う能力，社会的行動），長期記憶

（5） 分　析
①ケースの背景

「この子さえいなければ」という思いを抱く学級担任もいるでしょう。このような場合，教師は，その子どもの悪い面や問題点に目がいき，ともすれば子ども同士の人間関係づくりを通して問題行動を防ごうとする傾向があります。

また，ケースに登場する中田先生のように，意外な発言があると，その真意を探る努力を払うこともなく，不規則発言であると判断して除外しがちです。

しかし，それでは，子どもの信頼が得られません。

このような問題行動を起こす子どもに対しては，教師による子どものとらえ方をたどりながら，その子どもの短所だけでなく得意なことや好みまで踏まえて，家庭との連携策を探る必要があります。若干の軽度発達障害の傾向があるものの，普通学級で学んでいるいわゆるグレーゾーンの子どもに対するようなとらえ方をして対処する必要性があることを気づかせるようになっています。

②中心となる用語や概念

【見取り評価】

　大正中期に長野師範付属小学校の訓導の淀川茂重は，教師は子どもの学びを「診断し考慮してやるみとりびと」であり，「内的な反応を類推する観察者」であると同時に，「反応を変化すべき機縁を提示する指導者」ととらえています。このように見取りは，子どもの学びを診断し，内的な動きを類推するための観察方法とみなすことができます。

　この考え方は，戦後，長野県の伊那小学校の次の言葉に引き継がれています。

　「子どもの学習を自己実現の過程として捉えるならば，己の力を出し尽くして生きる子どもの姿，その事実をありのままに見取ることが大事となる。この事実を具体的に捉え，子どもらの感想を感動のまま伝える。ここに評価というものの今日的意味がある」

　そして，伊那小学校の教師は，子どもの学習活動の姿を日々記録していく座席表や学級名簿を活用して，個別懇談にも使っているのです。

　さらに，1960年代半ばから静岡市立安東小学校では，医師の診断記録簿をイメージして，子どもを「とらえる」ために「子どもの具体的な表れやそれに教師の解釈を加えた」カルテや「ある時点で数個のカルテをつないで子どもをとらえ直し，その子の全体的な把握・願い・手だてを書き表した」座席表を使っています。

　座席表には，①新しい単元に入るときに「座席表」，②座席表と本時の展開をまとめた「座席表指導案」，③授業中の子どもの発言や教師の気づきを記した「白紙座席表」がありますが，今日，"座席表"といえば，「白紙座席表」を指す場合が多いようです。

〈安藤輝次『絶対評価と連動する発展的な学習』黎明書房，2004年，第5章〉

【子どもに聞くポイント】

　杉山亮氏は，『子どものことを子どもにきく』（新潮文庫，2000年）において，インタビューの勘どころとして次の10をあげています。

①　子どもだから面白いことを言うと期待してはいけない。
②　「子どもだから言ってもわからないだろう。また尋ねても答えられないだろう」と甘く見たり，過保護にしない。
③　大人なりの都合のいいところに誘導しない。
④　大人がすでに答えを知っていることをわざわざ尋ねない。
⑤　まとめようとしない。
⑥　相手の全力にはこちらも全力を出す。
⑦　答えを強制しても仕方ないし，答えようもないこともたくさんある。
⑧　⑦を押さえつつ，「でも，やっぱり教えてほしい」とか「いま，考えてみてほしい」とか頼んでみる。

⑨ 基本的には親子は雑談の世界だ。
⑩ 喫茶店やファミリーレストランを利用してインタビューした場合，何を飲みたいかは100％子どもの意向を入れ，会計は親がもつ。

【問題行動】

このケースでは，ノースカロライナ大学チャペル校医学部小児科教授のメル・レヴィン（Levin, M.）の理論に基づくNPO法人「全種類マインド（All Kinds of Minds）」による問題行動のカテゴリーと対処法に依拠しています。レヴィンは，30年以上前から軽度発達障害の子どもの診断と治療に従事してきましたが，最近では，「すべての人は障害者である」という考え方に基づき，普通学級にいるいわゆるグレーゾーンの子どもに対する学習相談にも応じる活動をNPO法人「マインドを育てる（Bring Up Mind）」で行っています。

ケースのパート2において，翔ちゃんの扱いに悩む中田先生に岡島先生からプリントが渡されますが，これは，「問題行動の兆候」について，(1)全体的，(2)行動で示す，(3)素直でない，(4)怒りと攻撃，(5)社会性の欠如，(6)疎外感，のカテゴリーに分けて，各カテゴリー内の項目に該当するかどうかをチェックするものです。学校ケースメソッドでも，このチェックリストを使って，翔ちゃんのケースでは，これらの項目のうちどれに該当するのかということを明らかにする必要があります。

【社会的認知に伴う問題】

翔ちゃんが学級内で孤立気味であるという意味で，社会的認知に伴う問題の可能性について論じられるかもしれません。社会的認知とその欠如の兆候は，「全種類マインド（All Kinds of Minds）」によれば，次のようになります。

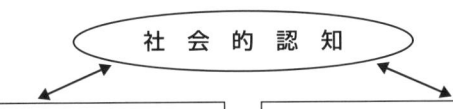

```
                    社 会 的 認 知
                   ↙           ↘
```

言語を使う能力	社会的行動
・社会的な文脈で言語を使って，理解する。 ・話し手の気持ちを正確に理解して，反応する。 ・何をいつ誰とどれくらい話すのかを知っている。 ・（例えば，年少児や先生に対して）相手によって違った話し方をすることができる。 ・他の人の冗談に反応する。 ・ユーモアを適切に使う。 ・会話の技術が発達している。	・相手に最もふさわしい関係の中で行動する。 ・相手が受け入れることのできる仕方で自分を表現する。 ・関係の歩調を合わせる仕方を知っている。 ・友達がすぐにできる。 ・会話をしても心地よく，話の内容に入れる。 ・攻撃的になることなく，葛藤を解決する。 ・重要な人々と一緒に肯定的な関係を築く。 ・（例えば，先生や友達など）異なる種類の関係の意味を理解している。

第3章 ● 学校ケースメソッド教材集

ケースの子どもに該当する兆候に○を付けなさい。

社会的認知に伴う諸問題の兆候	
言語を使う能力	社会的行動
(1) 神経をすり減らして怒っているような，または，何とかやろうという気持ちもなく，否定的なように思われる。	(7) 自分の仲間たちと一緒にいるときに不適切な服装をしてくる。
(2) 違う人とやりとりをするとき，コミュニケーションスタイルを変えない（例えば，大人と会って若者言葉を使う，年少児と一緒のときにも大人びた言葉を使う）	(8) 他人の領域に入り込む。あまりにも他人に近づきすぎる。
	(9) 仲間に対して神経をすり減らすような関係になる。
(3) 学級の討論のとき，不適切な話題を取り上げる。	(10) 言い争ったり，手を出しり，喧嘩をしたりして，葛藤を解決する。
(4) ユーモアを言ったり，言われて，それがもめごとになる。冗談がわからない，他人を傷つけるユーモアを言う。	(11) 新しい友達づくりでトラブルとなる。
	(12) 仲間とのやりとりであれこれ指図しすぎるか，あまりにも受け身すぎる。
(5) 会話を支配しようとする。他人の話を聞かない，遮る。	(13) 人々に対して権威を振るって敵対し，自分にとって重要な人との関係が悪くなる。
(6) 他人が言っている事柄の背後にあるほんとうの気持ちがわからない。	(14) 異なる社会的出会いの背後にあるほんとうの意味がわからなかったり，異なる関係の意味がわからなかったりする。

〈All Kinds of Minds, *Social Recognition*（*DVD video overview*），WGBH Boston Video, 2007, p.4. p.6.〉

【長期記憶】

　教師は，とかく翔ちゃんの問題点ばかり目につきがちですが，彼は，4年のときの給食でカレーが多かったと憶えていたり，チームメイトが失策した回数を憶えていたりするように長期記憶に秀でています。

　例えば，誰かに電話番号を教えてもらって電話をかける場合，その番号はすぐに忘れることがあります。このようにすぐに憶えて忘れるのを"短期記憶"と言います。しかし，文字や九九や友達の名前などは忘れません。それは"長期記憶"が働いているからです。そして，掛け算で数字を一桁繰り上げて計算をする際に，繰り上げたあとどのように処理するのかということを憶えていますが，それは"ワーキングメモリ"と呼ばれます。

③おもな質問や争点

質問1：川合君は，学級の中でどのような位置にいますか？

　川合君は，「パソコンが得意で，少年野球チームでもエースピッチャーを務める」とケースで描いているように，恐らく平均以上の学力で，運動もよくできる子どもでしょう。

ただし,「納得がいかなければ,教師に対してさえ強く反発する自我の強い子」であって,青年期前期の反抗期に入っているやや早熟な子どもです。川合君は,翔ちゃんにとっては唯一無二の親友でしょうが,学級内でも一目おかれる存在ではないでしょうか。

質問2:翔ちゃんは,5月の連休に家族で大阪城に出かけて,「屏風で裸の男が戦っていて……」と言っていますが,これはどういうことでしょうか。

大阪城天守閣にある長篠合戦屏風絵のことです。そこでは,裸の男が戦っている様子が描かれています。有田和正氏によれば,戦いの前夜,博打をして負けて,お金だけでなく身につけている着物や鎧まで奪われる者もいて,彼らは,戦いでは,ふんどし姿で刀を振りかざして敵に挑み,案外戦功をあげたそうです。なお,長篠合戦屏風絵は,戦いから50年以上もたって描かれたものであり,徳川美術館,名古屋市美術館,犬山城の所有者である成瀬家など8つが確認されています。

下の絵の,丸で囲んだ箇所が翔ちゃんの注目した部分ではないでしょうか。

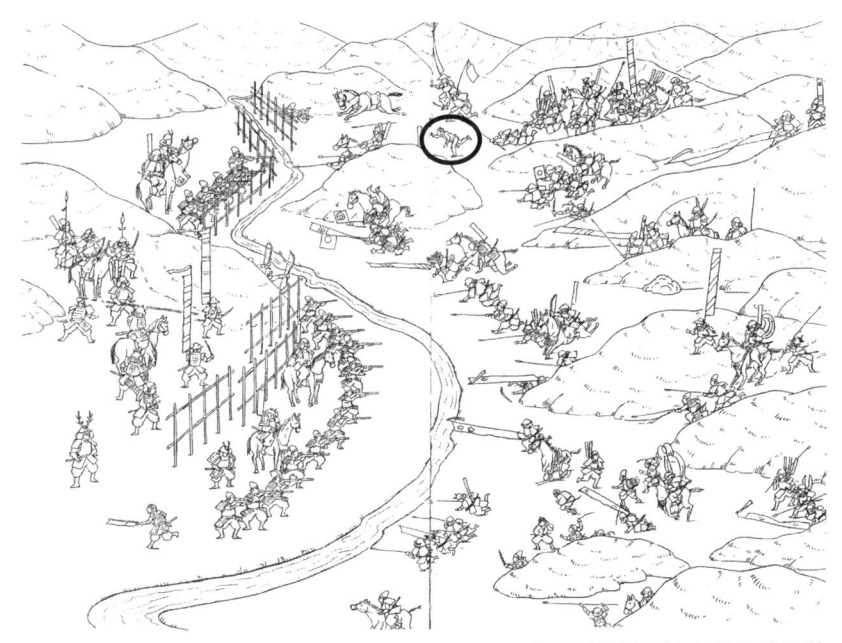

〈「長篠合戦屏風絵」大阪城天守閣蔵〉

争点1:翔ちゃんの得意なことなど何も見つかりません。

たしかに,翔ちゃんの問題点はいくつでもあげることができますが,得意なことはなかなか見つけることができません。翔ちゃんの好きなことならば,カレーライスや野球,目立つことなどをあげることができますが,得意なこととしては,せいぜい"自分の思ったことを口にする"程度しか出てこないでしょう。

しかし,「②中心となる用語や概念」で述べたように,4年の給食ではカレーライスが

多かったが5年になって少なくなったとか，少年野球でチームメートが失策を13回やったとか，長期記憶が優れています。

争点2：翔ちゃんの問題点に対して，どの対処法が最も効果的ですか？

　問題行動の兆候の一覧表（151頁）を見せて，該当すると思う番号すべてに○を付けるように指示してください。そして，(1)から(17)までを板書したあと，参加者に○を付けた番号に挙手をしてもらい，その人数を番号の横に書き入れてください。そうすると，おおよその問題点を絞ることができます。そして，それぞれの問題点に対する対処法を問いかけて黒板に書き出すと，【設問1】と【設問2】に大部分答えることができます。

　どの対処法が最も効果的かという問いについては，最も問題点として挙手の数が多かった番号のうちベスト3ぐらいについての対処法ということが考えられます。しかし，短いケースです。もっと想像力を膨らませれば，例えば，中田先生の翔ちゃんに対する対応が悪かったから，翔ちゃんはこのようになったということも考えられます。つまり，文脈によって最大の問題が何かということも変わってきますので，おおよそこのような対処法が有効ということまでは言えても，どれをやれば絶対大丈夫ということはできません。

（6）　指導方法

①基本的な進め方

　初めに2，3分程度で簡単なケースの概要を述べ，読んできた内容をめぐって，本時では3つの設問について話し合うことを確認してください。翔ちゃんのような子どもに悩まされた経験があるかどうかということを出席者に問いかけて，挙手させてもよいでしょう。

　そして，小集団の話し合いで各個人の設問への回答内容を強化したり，幅を広げたり，修正したりすることとして，必ずしも統一した結論に導く必要はないことを述べたあと，およそ30分後に全体討論の部屋に戻るように指示してください。なお，「パート2」では【設問1】に関する全体討論の途中，翔ちゃんの問題点が出尽くした時点で，レヴィンが考案した「問題行動の兆候」のチェックリストのプリントを配布しましょう。

②各設問とその回答例

【設問1】翔ちゃんの問題点，好きなこと，得意なことをそれぞれ列挙しなさい。

　中田先生の翔ちゃんに対する見取りを時系列で追いかけながら，先生としてはどのような対処をすればよいか考えて発表してもらい，それを板書によって整理してください。

　また，翔ちゃんと中田先生のロールプレイングを行って，教師がともすれば自分の枠を押しつけてしまい，子どもの考えや気持ちがわからなくなりがちであることに気づかせてもよいでしょう。

問 題 点	好きなこと	得意なこと
○失策をなじる，文句を言う（11）	○野球	○言いたいことをはっきり述べる
○暴力をふるう（6）	○イチロー	
○自己中心的	○カレーライス	◎長期記憶
○宿題を忘れる（7）	○目立つこと	◎観察力がある
○周りと合わせられない（10）（12）		
○不規則発言をする（5）		
○相手に気持ちの伝え方が悪い（11）		
○その他，「問題行動の兆候」のプリントを使って検討して，該当番号の人数を確認する。		

　問題点の右にある番号は，プリントの問題行動の兆候の番号です。それぞれの問題点の背景には何があるのだろうかと想像するようにしてください。

【設問2】翔ちゃんの言動に対して教師がやるべきことは何ですか。できるだけたくさんあげなさい。

　例えば、次のようなものが考えられます。

《一般的》
・グループづくりのときに配慮する。
・優れた行為や発表等があれば，即座に誉めて，その強化を図る。

《ルールを守らない》
・とことん翔ちゃんの話を聞いたあとに指導助言をする。
・些細なことでも誉める。

《怒りと攻撃》
・キレたときには，落ち着いてから，「どうしてこうなったのかな？」と尋ねて，自分の行いを反省させる。
・感情をすぐに表現するのではなく，ワンテンポおいて（少し考えてから）発言するような習慣づくりをさせる。

《社会能力の欠如》
・社会に出るときのルールと学級のルールを関連づける。

《疎外感》
・みんなが翔ちゃんを認めてくれるような場面をつくる（例：長篠合戦屏風絵）。
・森田翔の連絡帳で「どうしてあのような発言をしたのか」と問いかけ，それが納得いく理由であれば，学級のみんなに後ほど説明する。

【設問3】翔ちゃんの保護者とは，これからどのような連携をとっていくべきでしょうか。

　このような翔ちゃんの問題行動を低減させるには，学校側の努力だけでなく，本人の自覚と保護者の協力がなければ，実現できません。その際に，問題があって，そのためにどのような改善策を講じるかというところにばかり目が向きがちですが，本人の得意なことや趣味などの成育史や学習史を振り返りながら，得意なことや趣味と絡めて問題行動をなくす方策をリストアップし，短期ですぐに取り組める方策と，長期的視野に立って取り組む方策に分けて実施していくのがよいでしょう。

　例えば，翔ちゃんの得意なこととしては，次のような点が考えられます。

　・長期の記憶力がある。

　・オリジナルな発言がある。

　また，好みとしては，"野球好き"ということでしょう。

　これらの得意なことや好きなことを踏まえながら，保護者に翔ちゃんの成育や学習の歴史や家庭環境について探りながら，互いの情報を共有します。また，保護者としてできることを明らかにするため，以下のようなことがあげられるでしょう。なお，翔ちゃんがこのような問題行動をとる場合，保護者からの愛情を求めていることもあるので，その点に対する参加者からの言及があれば，取り上げて，話し合いの切り口にすることもできます。

◎連絡帳等を通じて，ふだんから母親とコミュニケーションをとり合う（例えば，屏風絵のことを尋ねて，その結果を社会科授業に生かす）

○直接，家庭訪問をする

◎翔ちゃんのよいところを伝える

○家庭での暮らしぶりの連携　→家でのルールづくり

◎家庭で何か責任をもつ役割をもたせる（例：朝刊を取りに行く）

○父親に学校行事に出てもらって，協力してもらう

③討論のまとめ

　基本的には，このような問題行動の子どもについては，教師も保護者も問題にばかり目が向きがちで，それを低減させる方法論をとりがちですが，その子どもの得意なことや好きなことにも着目したバイパス法を使うほうが効果的であることが多いということを強調したいものです。どちらかと言えば，問題行動をする子ども自身が教師や親を信頼していないからです。彼らは，第1に認めてもらうこと，信用してもらうことこそを求めているのです。教師は，そのような共感を伴ったカウンセリングマインドをもって対処することを強調して，まとめてください。

（7） 参考文献

(1) 安藤輝次『絶対評価と連動する発展的な学習』黎明書房，2004年
(2) メル・レヴィン（楓セビル訳）『親と子で考える学習障害』研究社出版，1999年
(3) 有田和正『有田式　調べる力を鍛えるワーク』（教育科学　社会科教育　No.339）明治図書，1990年
(4) 文部科学省『小・中学校におけるLD（学習障害）ADHD（注意欠陥／多動性障害）高機能自閉症の児童生徒への教育支援体制のためのガイドライン』文部科学省，2005年
(5) All Kinds of Minds, *Social Recognition*（*DVD video overview*），WGBH Boston Video, 2007
(6) メル・レヴィン（岩谷　宏訳）『ひとりひとりこころを育てる』ソフトバンク　パブリッシング，2003年
(7) 杉山亮『子どものことを子どもにきく』新潮文庫，2000年

第3章-6

保護者対応：「不公平だ！」と言われて

「先生，学級便りを出されていますが，あれやめてもらえませんか！」
「えっ，どうしてですか？ 学級の子どもの様子が保護者の方にもよくわかると思うのですが……」
「でも，ほかの子どもばっかりで，私の子どもを取り上げてくれていないでしょ」
「はあ……，1年間を通して，学級の子ども一人一人のよいところを1回は取り上げていくつもりです。前田さんのお子さんについてはまだ載せていませんが，そのうち……」
「でも，この間なんか，田中久美ちゃんが詩の朗読でがんばったって書いていたでしょ。愛が言ってましたよ。あれぐらいのこと，私もできるって。ただ，みんなの前でやらないだけです」
「ですから，さきほど言いましたように，一人一人に焦点を当てて……，そのときは，たまたま田中久美だったということです」
「誰だって自分の子どもがいちばん可愛いいんですよ。それをあんな形で学級便りに載せられると，嫌でしょ！ うちの子どもができないみたいじゃないですか」

小学5年の学級を担当していた加藤先生は，学級づくりに対する自分の思いや考えだけでなく，学級の子どもたちの様子も伝えるために学級便りを発行していた。4月の家庭訪問では，学校でのことをあまり話さないという子どもの保護者から，子どもとの会話のきっかけになるので喜んでいるといった感想を聞いて，学級便りへの手応えを感じつつあった。しかし，家庭訪問の最終日，加藤先生は，前田愛の母から学級便りをやめてほしいという訴えを受けたのである。加藤先生は学級便りに込める自分の思いや願いを前田愛の母に伝えたが，その思いが伝わったようにはとうてい思えなかった。

　田中久美は前田愛の斜め向かいの家に住む児童である。同じ学年で，同じ登校班，女の子同士である。田中久美は1人で遊ぶことが好きでおとなしい。いっぽう前田愛はしっかり屋さんで通っていて，自分の意見をはっきり言う。近所であっても2人の仲はそれほど親しいことはなく，学年が進むに連れて双方の親ともども必要最低限のことしか言葉を交わさなくなっていた。

　加藤先生は考えていた。「どうして前田愛の母は田中久美のがんばりを読んで，それほど不快に思うのだろう。近所に住む子どもなのだから，『久美ちゃんがんばってるんだね』という言葉でもかけてあげればよいのに……」

　加藤先生は前田愛の母の訴えを聞いてからも学級便りは出していたが，書く内容については前田愛の母の訴えに配慮していた。

　1学期の個人懇談のことである。前田愛の母は頭の中が言いたいことだらけであった。自分の順番が来ると，座るやいなや学級便りについて話し出した。

「4月の家庭訪問のとき，学級便りはやめてくださいってあれほどお願いしましたのに……」

「もちろん，特定の子どもさんに関する記述は避けて，活動などの写真をたくさん取り入れるように努力はしていますが……。学校での様子を少しでも知りたいという保護者の方も多いのです」

「でも，その写真は，全員が同じ大きさで写っていますか」

「活動の様子がよく伝わるように写真を選んでいますので……，多少の大きさについては違いがあったのかもしれません」

「以前お話したのは，そのことですよ。文章でも写真でも同じです。不公平にならないようにしてほしいのです」

「たしかに，自分の子どもさんがいちばん大切ってことはわかります。しかし，例えば，運動会や学級での学習でも，そのときどきで目立つ子どもも目立たない子どももいて当然ではないでしょうか」

「だから，不公平だって言うんです。うちの子どもをもっともっと取り上げてください」

　前田愛の母親は，言いたいことだけを言うと，さっさと話を切り上げて出て行った。

　その後，加藤先生は学級便りを書くことをやめた。2学期の学級懇談のとき，多数の

保護者から2学期に入って楽しみにしていた学級便りが出されなくなったことについての質問が加藤先生に寄せられた。その場にいた前田愛の母は，得意満面の笑みを浮かべていた。加藤先生は，個人名は控えつつ，いままでの経緯を説明し，学校での子どもたちの様子については保護者から子どもたちによく聞くよう努めてほしいということを伝えた。

これでよかったのだろうか？

教師は，みんなと一緒に悩んで成長するんだよ

設問1：前田愛の母の訴えに込められた思いは何でしょう？

設問2：学級便りをめぐって，加藤先生の気持ちはどのように変わっていったのでしょうか？

設問3：学級便りを書くことをやめた加藤先生の選択をどう思いますか？

> ティーチング・ノート
> # 「不公平だ！」と言われて

（1）ケースの要約

　小学5年の前田愛は，学級便りで田中久美が掲載されたが，「あれぐらいのことは私でもできる」と母親に話したことをきっかけに，母親が担任の加藤先生の家庭訪問のときに，学級便り中止を求めた。田中久美は，前田愛の家の近くに住んでおり，おとなしいが，前田愛はしっかり屋で，自分の意見もはっきり言う性格の子どもである。しかし，双方の親子ともども，関係が徐々に疎遠になり，最近では会っても必要最低限の言葉しか交わさなくなっていた。

　加藤先生は，学級便りに込める自分の思いや願いを前田愛の母親に説明し，他の保護者から好評であるということも述べた。そして，学級便りの内容についてこのような訴えを考慮しながら，発行し続けた。

　しかし，1学期の学級懇談のとき，この母親から再び学級における一人一人の子どもの取り上げ方が公平ではないということを理由に学級便り中止の要求があった。そこでも加藤先生は，自ら配慮してきた事柄について詳しく説明して，説得しようとしたが，母親は自分の言いたいことだけを言って，帰ってしまった。そのようなことがあって，加藤先生は，熟慮の末，2学期から学級便りの発行を取りやめることにした。

（2）研修対象

　学校に無理難題を言う保護者が"モンスターペアレント"と呼ばれ，それに対する学校や教師の対応が問題になっていますが，そのような保護者対応の仕方について検討する際に役立つ小学校教員向けのケースです。

　このケースは，小学校5年の子どもの発言に触発されて母親が学級担任に無理難題を言って要求を通そうとしますが，病的なほど非難中傷をしているわけではありません。その意味で特殊で特異な事例ではなく，どの学級でも起こりうるような一般的な題材を扱っています。

（3）ケースの目標と準備物

　ここでは，ケースに関する討論を通して，次の目標を達成しようとしています。
　① 保護者が学級担任に投げかける要求の裏にある問題の本質を明らかにすることがで

きる。
② 保護者の要求に応えながらも，担任または学校としての考えや方針をしっかり伝えることができる。
③ 保護者が要求を出したときを，学校（学級担任）と保護者がコミュニケーションを重ねて関係づくりをし，協力しながら学校づくりを行う契機ととらえる。

準備物としては，ケースの本文がA4判2枚（A3判1枚）であり，その裏に3つの設問（その上に所属や氏名を明記）を印刷してください。このプリントを前日までに参加者に配布し，研修日の早めに回収して，プリント裏面のコピー1部を取って返却すると，全体討論のおおよその展開が予想できます。

（4） ケースの設問とキーワード

このケースは，会話が多く使われていて，読み手によるていねいな文脈把握が求められますが，そこでの基本的な展開は，次の設問によって方向づけられています。

【設問1】前田愛の母の訴えに込められた思いは何でしょう？
【設問2】学級便りをめぐって，加藤先生の気持ちはどのように変わっていったのでしょうか？
【設問3】学級便りを書くことをやめた加藤先生の選択をどう思いますか？

なお，このケースを検討していく際に参加者から出てくると予想されるキーワードは，次のようなものです。特に，教師不信，不満，信頼低下，公平，説得などが重要です。

> キーワード：
> 　教師不信，不満，反感，子どものよさ，公平・不公平，集団づくり，比較，説得，連絡帳，同僚教師，得意満面

（5） 分　析
①ケースの背景

このケースは，最近，小学校でしばしば生じており，"保護者対応"で悩まされる学級便りに伴う問題を取り上げたものです。前田愛の母親から「学級便りにどうして自分の子どもが登場しないのか」「みんなを平等に学級便りで取り上げると学級担任が考えるのなら，一人一人の子どもの写真も平等にすべきである」という無理難題を投げかけられ，教師は，その対応に苦慮します。ときにはストレスが大きくなっていき，日常の仕事に支障をきたすということもあるかもしれません。

しかし，ケースに登場する母親は，"このような学級便りの取り上げ方は不公平である"と言い張っているものの，その真意は"自分の子どもをもっとしっかり取り上げてほし

い"ということです。保護者が"自子中心主義"に陥ったケースです。現代においては，保護者が公立学校を「創る，参加する」よりむしろ「買う，選ぶ」という私的な財とみなす時代になってきているということでしょう。

②中心となる用語や概念
【自子中心主義】

小野田正利氏（大阪大学）の造語で，「自分の子どものことしか考えない」「自分の子さえよければ他はどのようになってもよい」と"イチャモン"をつける保護者のことです。

小野田氏によれば，このような保護者は，「自分の子どもが不利になっている」という不満をもっていて，その根底には，学校自体に対する不平不満だけでなく，その人個人の日常生活におけるフラストレーションや母子（父子）密着や放任など，家族内でのゆがんだ人間関係があるといいます。また，教職員と子どもがふれ合う時間が減少すればするほど，イチャモンは反比例して増えるといいます。

〈小野田正利『悲鳴をあげる学校』旬報社，2006年，20-23頁，105頁〉

なお，小野田氏は，このような保護者を"モンスターペアレント"と呼ぶことは，保護者と学校側との対立をあおるので避けるべきであると主張しています。

〈小野田正利「追い詰める親，追い詰められる学校」（『中央公論』2007年12月号）〉

【病的なモンスターペアレント】

『教室の悪魔：見えない「いじめ」を解決するために』（ポプラ社，2006年）の著者の山脇由貴子氏は，モンスターペアレントには，「不公平だと言われて」のケースのような「うちの子さえよければ」という保護者の延長にあるモンスターペアレントと，病的なモンスターペアレントとがあり，病的なモンスターペアレントについては，次頁のチェックリストによってわかるといいます。

【病的なモンスターペアレントへの対応】

山脇氏は，病的なモンスターペアレントには次のように対処すべきであるといいます。

① 基本は，毅然とした態度をとり続ける。
② 事実でないことは否定する。
③ 教師がすべきことは当事者の子どもと話し合うことであり，謝るのであれば，子どもに対してであり，責任は，子どもが元気に学校に通えるようにすることである。
④ 特別扱いについては，「他の児童（生徒）とは異なる特別扱いはできません」と言い，「お子さんのためになるとは思えないからです」と理由を説明する。
⑤ 教師個人に無理難題や荒唐無稽のクレームが出されれば，校長，副校長，学年の先生等の関係者に速やかに連絡する。

6 保護者対応:「不公平だ!」と言われて

病的なモンスターペアレント,クレーマーを見きわめるポイント

- □ 何が苦情の原因になったのかがまったくわからない。
- □ 教師に対する感情,評価が突然変わる。「一番信頼している」と言っていた教師のことを,ある日突然嫌悪し,卑下し「最低の教師だ」と言い始める。
- □ 要求がすぐに苦情に転化し,苦情がエスカレートしていく。どこまでいってもおさまらない。
  - ・教師が謝罪しろ→校長が謝罪しろ→もっと上の者を出せ→謝るだけでは許せない。担任を辞めさせろ。と,苦情がだんだんとエスカレートしていく。
- □ 学校に苦情を言うだけではおさまらず,教育委員会,文部科学省など,苦情先もエスカレートし,複数になる。
- □ 法外な請求
  - ・治療費を払え→慰謝料を払え→損害賠償を払え……と,請求がエスカレートしていく。
  - ・「お前のせいで精神的にボロボロになって仕事も行けなくなった。生活費を払え」などの法外な請求をする。
- □ 1日に同じ内容で何回も電話をかけてくる(少なくとも5回以上)。同じ相手に何度もかけるだけでなく,相手を変えて,何度もかけてくる。
- □ 明らかな脅し
  - ・「担任(教師)のせいで人生を滅茶苦茶にされた。同じような目にあわせてやる。お前の人生を滅茶苦茶にしてやる」などの脅しをする。
- □ 相手によって,内容を少しずつ変え,教師間に不信が募るように操作する。
  - ・「○○先生はこう言っていた」「学年主任の言うことと話が違う」「校長は担任に責任をとらせると言っていた」などを繰り返す。
- □ 苦情内容が少しずつ洗練されてくる。明確に否定されてしまう内容はなくし,新たな苦情をつけ加える。最初の苦情が何だったか次第にわからなくなるほどに,少しずつ,苦情を洗練した,あたかも事実であるような内容につくり変えていく。
- □ 苦情が,担任や校長個人に対する誹謗中傷に転化し,誹謗中傷がエスカレートしていく。その内容は明らかに事実無根である。
  - ・不倫をしている,泥酔して道で寝ていた,借金を抱えている,セクハラされた,隠し子がいる,などのほか,「お金を要求された」などの誹謗中傷をする。
- □ 自分は絶対に正しい,自分の言うことは筋が通っているという自信と確信に満ちている。事実無根の誹謗中傷であっても,「証拠をもっている」などと言う。
- □ まったくの嘘,つくり話を理由に苦情を申し立てる。
- □ 苦情の内容が妄想的である。
  - ・担任(あるいは他の教師)が自分の子どもだけを差別し,陰で暴力をふるっている。
  - ・自分の子だけ違う給食を食べさせられている。
  - ・担任(あるいは他の教師)があとをつけている,家を覗いている,盗聴している。
  - ・自分(親)の悪い噂を流している。
  - ・悪口を書かれたビラが撒かれている。
  - ・レイプされそうになった。
  - など,妄想的である。
- □ クレーマーの常套句
  - ・「訴えてやる」「マスコミに言う」「議員(大臣)を知っている」こうした言葉も確信に満ちており,「すでに弁護士に相談している。慰謝料をとれると言われた」「知り合いのマスコミ関係者にすでに話をしている」「議員は力になると言ってくれた」など,まことしやかに述べる。

〈山脇由貴子『モンスターペアレントの正体』中央法規,2008年,128-129頁〉

⑥ 混乱を避けるために，そのモンスターペアレントとの直近の話は誰で，最後はどのような話で終わったのかを確認できる記録をつくっておく。

⑦ 何かの返答を求められても，相手の指定の期日で約束しない。「あなたの求めている答え，あるいは要求は非常に重要なことなので，そんな短期間でお返事する約束はできません」と答える。

〈山脇由貴子『モンスターペアレントの正体』中央法規，2008年，159-174頁〉

【信頼できる関係づくり】

心理学者の諸富祥彦氏（明治大学）によれば，理不尽な主張をする保護者に対して信頼できる関係づくりをするためには，次の3つのポイントがあるといいます。

① 教師が話すよりむしろ，とにかく相手の話をよく聞く。
② 相手をリスペクト（尊重）していることがわかるように，形で伝える。1人でなく管理職と会う。名刺を渡す。お茶を出す，など。
③ まず，子どもを誉める。

このような「関係づくり」をしっかりしてから，最後に教師側から具体的なお願いをしなければなりません。また，諸富氏は，教師に対する助言として「『親を変えるのはあきらめましょう』『目の前の子どもで勝負！』」することが大切であると強調し，弱音を吐いて，早めに他の教職員からの助けを求められることも教員に必要な能力ではないかと述べています。

〈諸富祥彦『子どもよりも親が怖い』青春出版社，2002年，144頁，158-159頁，176頁〉

③おもな質問や争点

質問1：前田愛と田中久美の母親同士の間は，「必要最低限のことしか言葉を交わさなくなっていた」といいますが，どうしてでしょうか？

その理由は，わかりません。ケースから読み取ってください。例えば，前田愛は「しっかり屋さんで，自分の意見をはっきり言う」が，田中久美は「一人で遊ぶことが好きでおとなしい」とあります。田中久美が「一人で遊ぶことが好き」ということから，前田愛とは徐々に疎遠になっていったのかもしれません。また，前田愛は「しっかり屋さん」から「負けず嫌い」ということも推測されます。とすれば，学級便りをめぐってこのような展開になったということも容易に想像できるのではないでしょうか。

質問2：年度当初，どのような意図と方針で学級便りを出すのかということを保護者に知らせなかったのですか？

これもケースの文脈から読み取るしかありませんが，年度当初にそのような方針を"しっかり"示しているのでしたら，前田愛の母親からの申し出に対してもっと明確に説明していたのではないでしょうか。また2学期の学級懇談会の際に，多数の保護者から学

級便りを出さなくなったことについて質問があったということですから，加藤先生一人でこの問題を背負い込み，学級便り打ち切りを決断したのだろうと思われます。恐らく学級便りをめぐって保護者に対する説明を"しっかり"していなかったのではないでしょうか。当然，1学期中に保護者にこの問題を投げかけて，意見を聞き，応援を求めるというようなことはやっていなかったでしょう。同僚教師に何らかの相談はしたのでしょうか。

争点1：学校における公平性とはどういうことですか？

　教師は，子どもの思想・信条・性別などによって差別してはいけません。ただし，学校における公平性と同一性とは同じではありません。

　子どもの置かれた状況（地域性や家庭環境）や子ども自身の身体的精神的ハンディキャップを無視して，一律に同じように対応する，つまり，同一化することは，公平とは言えません。だから，少人数指導やティームティーチングや軽度発達障害対応などが行われてきました。教師による一人一人の子どもに対する"微妙な"対処の仕方の違いも必要となるでしょう。とはいえ，その"微妙な"というのがどこまでかというのは争点となることもあるでしょう。子どもたちは，教師による特定の子どもに対する"えこひいき"に対して敏感であり，とても嫌がります。

　しかし，このケースのように，学級便りですべての子どもの写真のスペースを同じようにすべきであるという保護者の要求は，えこひいきか否かというよりむしろ無理難題であって，不公平であるという論拠にはならないのではないでしょうか。

争点2：学級便りをやめるのは保護者に屈したのではないですか？　加藤先生は，学級便りを出し続けるべきだったと思います。

　たしかに，加藤先生は学級通信を1年間にわたって発行しようと思っていたのですから，1学期で中止ということは，前田愛の母親の要求に屈したということです。ただし，加藤先生の立場に立って考えてみてはどうでしょう。【設問1】や【設問2】に対する答えを話し合う中で，加藤先生の1学期の学級新聞をめぐる準備や周知徹底が不十分だとしても，1学期の個人懇談修了時では，この問題を深刻化させて，収拾がつかなくなるよりむしろ今年は取りやめたほうが得策であると決断したのかもしれません。この問題は，【設問3】にもつながりますので，参加者のみなさんと一緒に考えてみてください。

(6)　指導方法
①基本的な進め方

　登場人物は，前田愛とその母親と加藤先生の3名であり，前田愛が対抗心を燃やしている田中久美は，第三者から見た説明がなされているにすぎません。基本的には，加藤先生と前田愛の母親との葛藤が描かれたケースです。したがって，話の展開としてはそれほど

複雑ではありませんが，ケースの半分近くが会話で進められていますので，双方の思いや互いの関係の的確な読み取りが求められます。

初めに，このケースで何が問題となっているのかをケースの文章にそって要約したあと，同様の経験があるかどうか挙手等を求めて確かめてください。

それから，20〜30分程度の小集団による話し合いに向かわせるのですが，その間に，研修前にコピーした参加者の設問への回答に目を通しておいたほうがよいでしょう。

そして，約1時間の全体討論では，前述のように，どの会話でどのように解釈できるかという点にも留意しながら，【設問1】から【設問3】まで順番に参加者からの意見や感想の発表を求め，キーワードも留意しながら板書していってください。

②各設問とその回答例

【設問1】前田愛の母の訴えに込められた思いは何でしょう？

◎先生に自分の子どものよい面をたくさん見てほしい。
○先生に自分の子どもをほかの子どもより可愛がってほしい。
△自分の子どもは，ほかの子よりよい面ももっているのに，そのことが目立たないために，先生から認めてもらえないのはおかしい。
◎自分の子どものがんばりを見てほしい。
◎先生に自分の子どもをもっとよく誉めて，認めてほしい。
○自分の子どもを学級便りで取り上げてほしい。
△いまの学級便りは，目立つ子は取り上げて，目立たない子は取り上げていない。
◎田中久美は，近所で自分の子と同じ年齢なので，ライバル意識がある。
◎田中久美より自分の子のほうが優れていてがんばっているのに，先生はそれに気づいていない，または認めていないから，久美が学級便りに掲載されたのだろう。
○入学以来，自分の子どもが学校から大切にされていないように思う。この機会にそれまでの思いも込めて，言っておかないと気がすまない。
○自分の子どものよさを学級の保護者にも知ってもらいたい。

このようにある程度，前田愛の母親の思いに関する板書をすませると，全体を見て，その傾向性をまとめたり，別の新たな視点から母親の思いに対する発表等を促したりして，それを板書につけ加える。

【設問2】学級便りをめぐって加藤先生の気持ちはどのように変わっていったのでしょうか？

① 4月初め，学級便りで子どもたちの活動の様子を保護者に伝えたい。一人一人の子どもの"よいところを取り上げよう"と決意した。
② 4月（恐らく月末）の家庭訪問で多くの保護者から学級便りの感想を聞き，"よ

かった，手応え十分"と感じていた。
③　前田愛の家庭を訪問したとき，母親から近所の田中久美を学級便りに掲載したことにかかわって，愛が軽視されているというクレームが出されたので，"どうして近所の久美ちゃんのがんばりを認めてやれないのか"と怪訝に思った。
④　それ以降，前田愛の母親のクレームもあるので，"学級便りの記述は少なくして，写真を多く掲載すればよいだろう"と思い，"これで問題なし"と判断した。
⑤　1学期末の個人懇談の折り，前田愛の母親から学級便りに掲載している子どもの写真も「全員が同じ大きさで写っていますか」と指摘され，「うちの子をもっともっと取り上げてください」と言われて，唖然とした。
⑥　その後，学級便りの取り扱いをどうすべきか考えた。別段，学級便りを出さなくても，学級運営はやっていける。また，これ以上問題が大きくなっては困るので，学級便りの打ち切りを決めた。

そして，このような加藤先生の気持ちの移り変わりを板書したあと，全体を見て，その傾向性をまとめ，別の視点からの発表等を促したほうがよいでしょう。

【設問3】学級便りを書くことをやめた加藤先生の選択をどう思いますか？

【設問1】で母親の思い，【設問2】で加藤先生の気持ちをたどってきたので，双方の立場から読み取れる，あるいは推論を交えた可能なとらえ方をしたあと，【設問3】の学級便り中止という加藤先生の決断について参加者の思いを自由に発表してもらいます。このようにオープンエンドの形で討論を展開しますが，賛成意見や反対意見としては，次のようなものがあげられるでしょう。

《賛成》
○いまの親は利己主義で，説き伏せることはむずかしいだろう。このままでは問題の拡大や深刻化を招くかもしれないので，学級便り取りやめは仕方がない。
○学級便りを取りやめることは仕方がないとしても，ほかの保護者も納得できる形で話し合って，事前に知らせるべきであろう。

《反対》
○「学級便りを1年間発行する」という自分の信念を貫き通してほしかった。
○個人名を出すことは好ましくないが，学級と家庭の相互理解を図る手段として学級便りは継続すべきである。
○学級便り取りやめは，保護者が学級担任に対して不信感を抱くことになる。

《1学期における加藤先生の対処の仕方》
○4月から7月まで前田愛のことを学級便りで取り上げる機会はなかったのだろうか。
○加藤先生は，前田愛の母親の真意を見抜いていたのか疑問である。自分はこれだけの

ことをしているという思いを説明するだけで，母親の思いを受け入れていない。もっと母親と真剣にトコトン話し合う時間をとるべきであった。
○学級便りの内容への配慮ではなく，学級便りの発行自体に対する意見を保護者から求めるような努力を払うべきできあった。
○保護者の学校への参画が進んでいない学校ではないか。学校公開のような，開かれた学校になるような方策が全学レベルで必要であろう。

③討論のまとめ

このケースの山場は，【設問3】の「加藤先生は，学級便りをやめてよかったか，継続すべきであったか」ということをめぐる討論です。その前に，すでにすんだ1学期における加藤先生のこの問題への対処の仕方（例：どのような対策を1学期に打つべきだったか）を含めて話し合われるかもしれません。また，このケースの話の続きを予想すると，2学期以降，加藤先生はどうすべきかということも討論されるかもしれませんが，いずれにしても「保護者と学校側との相互理解を深める好機」としてとらえたいものです。

最後に，参加者一人一人に全体討論の前の自分の思いと討論後の思いを発表してもらったり，ノート等に書くように指示したりして，時間があれば数人に発表してもらって，終わってください。

（7） 参考文献

（1） 家本芳郎　編著『これは困った　保護者とのトラブル解決のヒント80事例』ひまわり社，2004年，40-43頁，84-85頁
（2） 諸富祥彦・植草伸之編『保護者とうまくつきあう40のコツ』教育開発研究所，2004年
（3） 諸富祥彦『子どもよりも親が怖い』青春出版社，2002年
（4） 小野田正利『悲鳴をあげる学校』旬報社，2006年
（5） 小野田正利「追い詰める親，追い詰められる学校」『中央公論』2007年12月号
（6） 山脇由貴子『モンスターペアレントの正体』中央法規，2008年

学校ケースメソッド Q&A

Q1 ケースについての設問に対する答えを書いてこなかった場合，全体討論の進行役は，どのように対処しますか？

A1 参加者には，事前にケースを配って，個人学習をして設問に対する答えを書いておくように指示してください。研修当日，早めにケースのプリントを集めて，コピーを取っておくことをお勧めします。個人学習を忘れた参加者には，研修時間まで多少余裕があるときは，その間に設問に対する答えを書いてもらいます。そして，研修直前にケースのプリントを提出するように指示し，コピーを取るようにするとよいでしょう。

Q2 事前にケースを参加者に配布できなかった場合には，進行役は，どのように対処しますか？

A2 個人学習によってケースを読んで設問に答えることが前提ですが，Q2のような場合，研修の初めに少なくとも20分を設問の答えを書くための時間としてください。そして，小集団による話し合いの時間を10分程度に短縮して，設問に対する多様な回答にふれるようにしたあと，60分をかけて全体討論を行ってください。

　これが標準的な研修時間の90分の使い方です。120分を研修に充てることができる場合には，個人学習，小集団の話し合い，全体討論をそれぞれ10分ずつ増やすのがよいでしょう。

Q3 参加者は，互いに初対面です。そのようなとき，どのようなことに配慮すればよいでしょうか？

A3 第1章3の**3**の「学校ケースメソッドの連続講座の進め方」で述べたように，時間的に余裕がある場合には，例えば40人の参加者がいれば，5人編成の小集団を8つつくります。参加者一人ずつ順番に1から5までの数字を言わせたあと，1の番号の人は，第1グループ，2の番号の人は第2グループと機械的に割り振って，小集団内でアイスブレーキングの活動をしてください。例えば，一人の参加者が名前と所属を言ったあと，次の参加者がその人の名前と所属を言ってから自分の名前と所属を言うようなことをしてはどうでしょうか。

しかし単発の研修会であれば，そのような時間はありません。工夫点としては，どの教師でも自らの経験上，心あたりがあるような小さな争点のケースを選択するのがよいでしょう。その際，登場人物が深い悩みをもっていたり，解決策を見いだしにくいケースは，問題が深刻すぎるために，全体討論でもなかなか意見が出にくいものですから，避けたほうがよいでしょう。

Q4 全体討論は，どのような始め方がよいのでしょうか。なかなか意見が出てきそうにはないのですが……。

A4 まず，進行役は，【設問1】【設問2】【設問3】と適度のスペースをとって，書き出したあと，次のようなことを説明してください。

「学校ケースメソッドでは，1＋1＝2のような答えはありません。みなさんは，ケースを読んで，教職の経験も交えながら，設問に対する答えを考えてくださったと思いますが，それぞれの教職経験は同じではありません。したがって，ケースの文脈の読み込みが少しでも違えば，答えも微妙に違ってきます。参加者のみなさんの発言をできるかぎり取り上げて，黒板やホワイトボードに板書したいと思います」

さらに，進行役がいま取り上げようとしているケースと似た経験をしたり，聞いたりしたことがあれば，そのエピソードを披露したり，どうしてこのケースを検討することが重要かということにもふれたりすると，学習していくことの意義づけにもつながります。

なお，ケースに対する設問は，番号の若い順に事実認識を問うものから始まり，最後に争点や悩みの解決策を探るようにしているはずです。しかし，そのようになっていない場合には，設問の順番を変えて事実認識から討論を通して確認してい

くようにしてください。

Q5 全体討論の中で進行役は，どのような気配りをすべきでしょうか？

A5 第1に，参加者が40人以下の場合には，厚紙を2つ折りにして，名前や所属を書くようにしてください。進行役は，参加者が挙手した場合，またそうでない場合でも，その人の名前を呼んで指名するというのが基本です。当然，同じ人ばかりではなく，できるだけ多様な人からの発言を求めるようにしてください。

第2に，参加者のうなずきや，顔を下に向けたり，進行役の視線を避けたりするようなボディランゲージを読み取ることも大切です。少数意見であったり，自信がなさそうであったりすれば，肯定的な言葉かけをして，励ますようにしてください。指名しても参加者から発言が出てこない場合には，進行役は，無理強いしないで，パスもできるような配慮をする必要があります。

第3に，複数の参加者の発言の中で関連がありそうならば，互いの発言を矢印等で結びつけ，それを包括するような言葉を充ててまとめ上げてください。

最後に，進行役は，部屋や教室の前で参加者と真正面に向かって話すだけでなく，参加者の側に寄り添ったり，机間を歩き回ったりして，ボディランゲージを読み取りやすいように立ち位置を変えるなどしてください。

Q6 全体討論の終わり方について，進行役が出てきた意見や感想についてまとめるだけでよいのでしょうか。進行役から補足説明は必要ありませんか？

A6 進行役は，それぞれの設問について参加者から出された意見や感想のほかにティーチング・ノートで想定している重要なキーワードがある場合に限って，補足説明を行います。

したがって，全体討論の終わりでは，答えが1つとは限らない場合には，板書内容を整理するだけにとどめ，答えの中で教える内容が明確な場合には，その内容を確認して終わることが原則です。そのケースと他のケースとの関連について言及したり，そのケースにかかわってより深く理解したい人のために，参考文献等を紹介するのもよいでしょう。

Q7 「ケースの書き方」（第1章―6）の中で具体例触発型（「これはケース教材になるのではないか」と思うと同時にキーワードも浮かんでくる），原理・目標先行型（教えたい何らかの原理からケースのストーリーを考える），悩み共有解決型（教師が悩んでいる実践や他者から聞いた実践からケースのストーリーを考える）があることはわかりましたが，どれがいちばんやさしいでしょうか。

A7 具体例触発型は，キーワードまで漠然と浮かんでくるので，最も書きやすいと言えます。悩み共有解決型は，教師自身がどうしたらよいかわからないで悩んでいるケースですので，問題とは何かがつかめていません。したがって，適切なキーワードも思い浮かびません。このような場合，ケースを書くと本質的な問題にまで切り込むような筋立てにならず，現象面の記述にとどまりますので，助言者がいない場合は避けたほうがよいでしょう。

原理・目標先行型は，どちらかといえば，論文等で実践紹介があり，その根底にある原理的な説明がなされていれば，その実践をふくらませて，ケースのストーリーにすることができます。しかし具体例触発型に比べると，教師にとって現実味が乏しいので，ケースとしての出来はやや劣ります。

Q8 学校ケースメソッドでは，板書の内容が全体討論を活発化させるために大切なように思いますが，板書計画の立て方について教えてください。

A8 板書は，集団思考をするのに役立ちます。長々と文章で綴るのではなく，言葉や句で短く書き，相互の関連や対立などをビジュアルに示しましょう。しかし，そのようなことは，学校の先生なら熟知しているはずです。また，学校ケースメソッドでは，基本的にはケースに関する設問にそって全体討論を進めていきます。しかも，ティーチング・ノートがありますので，討論での板書は，それほどむずかしいものではありません。

とはいえ，参加者から予想外の発言や提案があるかもしれません。ティーチング・ノートが整っていないかもしれません。そのようなときに役立つ方法として，マッピングをお勧めします。その方法は，次のとおりです。

中心にケースで取り上げたい悩みや課題を書き，そこから派生する項目について次々に思い浮かべて，それを放射状に書き広げてください。そうすると，次図の網掛けの円のように，多くの線が集まる項目も出てきます。それがケースを討論する

中で押さえたいキーワードになります。キーワードとは，他の事柄を生成するための拠点になるものと言ってよいでしょう。

全体討論では，参加者からのキーワードの出方に注意しながら進めていき，どうしても出てこない場合には，進行役が補足説明を行います。その際にもマッピングを参考にして，できるだけ近い意見や感想が参加者から出されたときを見はからって「○○さんの発言にかかわって，このようなことも大切ではないでしょうか」と言って，補足説明して板書に位置づけてください。

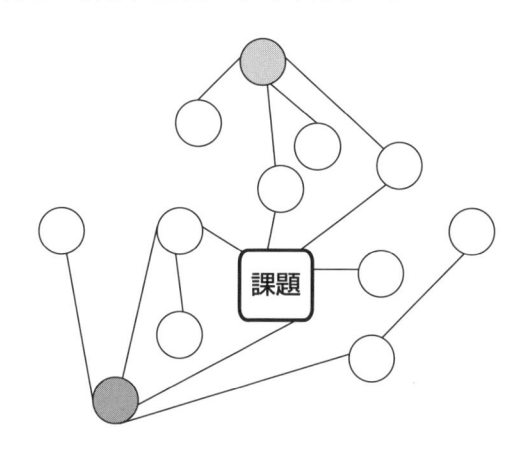

Q9 ティーチング・ノートは必要でしょうか。あまり頼りすぎると全体討論を誘導してしまうのではありませんか？

A9 みなさんは，研究授業では，学習指導案（細案）を作成していますね。しかし，実際の研究授業では，細案どおりに進むでしょうか。そうではありません。学習指導案づくりの際に常に言われることは，案であって，必ずしもしばられてはならないということです。だから，授業前に学習指導案を忘れ去ってもよいということすら言われます。学校ケースメソッドにおけるティーチング・ノートにも同じことが言えます。進行役となる人は，まずティーチング・ノートを十分に読み込んで，書かれた内容の理解に努めてください。そして，学習指導案に当たる討論プランを作成し，参加者の設問への回答を踏まえて修正を加えてください。

さて，実際の全体討論の場面では，修正版の討論プランにしばられてはいけません。眼前の参加者の状況を見て，柔軟に全体討論を流していく必要があります。

たしかにティーチング・ノートは必要ないという人もいますが，そのような人は，自らケースを書いている人で，そこで押さえるべき内容やポイントはすでに内面化できている人です。そのような例外を除いて，基本的にはティーチング・ノートは

必携です。そして，第2章－2や第2章－4で述べたように，全体討論の討論プランのシートに記入することをお勧めします。

ただし，その場合でも大前提は，全体討論を誘導するのではなく，参加者にとって違和感のないように適時，補足説明をしていくことが大切です。

Q10　学校ケースメソッドは，何人ぐらいで実施できますか？

A10　これまで5人から90人まで学校ケースメソッドを実施してきました。その体験から言えることは，30〜40人ぐらいが最も効果的であるように思われます。

教職大学院で5人の授業で学校ケースメソッドを行ったことがありますが，いちばん困ったのは，小集団での話し合いを2名や3名に分けることができず，1つの小集団で話し合ってもらって，全体討論にもち込むと，内容がほとんど同じになってしまうということでした。90人の場合，ある県の教育研究所のワークショップでしたが，小集団が6人編成ですと，15のグループとなり，どちらかと言うと，小集団で多様な考えにふれて，一人一人の考えを深めたり，修正したり，付加したりするよりむしろ小集団での意見の取りまとめをしてもらって，全体討論において15の小集団の考えを設問ごとに発表してもらうという形にせざるをえませんでした。

30〜40人ぐらいですと，5つから7つの小集団ですから，進行役としてもある程度，話し合いの様子も把握できます。1学級ぐらいの規模で全体討論すると，何とか一人一人の参加者の考えを取り上げたり，多様な考えと練り合わせたり，フィードバックさせながら，展開していくことができます。

Q11　学校ケースメソッドは，現職教員にとっては有効かもしれませんが，教員志望の学生でも使えるのでしょうか？

A11　はい，使えます。しかし教員免許のない人が，学校ケースメソッドで使うケースを読んでも，その内容を文字づらで理解するだけで，深く理解することはむずかしいと思います。教職の経験がないので，「教師ならば，こんなことは説明しなくても知っているだろう」というような"暗黙知"を知らないために，ケースの行間を読み込めないからです。

その意味で，教員志望の学生であっても教育実習に行っていない人には，学校ケースメソッドはむずかしいでしょう。

教育実習に行った経験があり，とりわけ教育実習生の遭遇するケースについて綴ったものであれば，この手法で研修を組むことができます。かつて「教育実習生の失敗事例集」を作成して，そこから「どうしてこのようなことになったのだろうか」と問いかけ，解決策を探っていくということを何回も行っています。

Q12 本書に掲載されたケースやティーチング・ノートは，さらに修正加筆されるのでしょうか？

A12 学校ケースメソッドのケースは，3回以上の研修等の実践にかけて何度か修正をしたあと，ここに掲載しています。それをもとにしてティーチング・ノートも作成しました。ティーチング・ノートは，ケースの作成者がどのような意図をもっていたのかということを記した道標ですが，このQ＆AのA9で述べたように，研修を進めるための案であり，必ずしもそのとおりに展開するとは限りません。全体討論で意図からの大幅な逸脱があれば，ケースを手直しするとともにティーチング・ノートも手直しします。

このように，ケースとティーチング・ノートは一体のものですから，これらを修正する際にも，著作権を有するケースライターやティーチング・ノートの作成者の許可を得て行うことになります。

著者
安藤輝次

1950年,大阪府生まれ。福井大学教授,同大学附属中学校長を経て,2004年より奈良教育大学教授。現在は,奈良教育大学大学院教育学研究科専門職学位課程(教職大学院)教授。著書に,『同心円的拡大論の成立と批判的展開』(風間書房,1993年),『ポートフォリオで総合的な学習を創る』(図書文化社,2001年),『絶対評価と連動する発展的な学習』(黎明書房),共著に『総合学習のためのポートフォリオ評価』(黎明書房,1999年),編著に『評価規準と評価基準表による授業実践の方法』(黎明書房,2002年)がある。

分担執筆者
吉田　隆(奈良女子大学附属中等教育学校教諭)　第3章-3
　　　　　　　　　　　　　　　　　　　　　　(ただし,ケースは安藤と共作)
三木達也(兵庫県姫路市立南大津小学校教諭)　第3章-4
　　　　　　　　　　　　　　　　　　　　　　(ただし,ケースは安藤と共作)
葛本雅崇(奈良県香芝市立五位堂小学校教諭)　第3章-6　ケース教材
　　　　　　　　　　　　　　　　　　　　　　(安藤と共作)

学校ケースメソッドで
参加・体験型の教員研修

2009年6月1日　　　初版第1刷発行［検印省略］

編　著 ⓒ 安藤輝次
発行者　村主典英
発行所　株式会社 図書文化社
　　　　〒112-0012　東京都文京区大塚3-2-1
　　　　Tel 03-3943-2511　Fax 03-3943-2519
　　　　振替　00160-7-67697
　　　　http://www.toshobunka.co.jp/

装　幀　中濱健治
イラスト　フェニックス　松永えりか
ＤＴＰ　松澤印刷株式会社
印　刷　株式会社 厚徳社
製　本　株式会社 厚徳社

乱丁・落丁本はお取り替えいたします。
定価はカバーに表示してあります。

ISBN 978-4-8100-9535-7

ポートフォリオで総合的な学習を創る

学習ファイルからポートフォリオへ

安藤輝次 著

Ａ５判／192頁／並製　　定価 1,995円（1,900円＋税）

本書を読めば、ポートフォリオを初級／中級／上級と段階を踏んで導入し熟達できます。総合的な学習のカリキュラムデザインの考え方、ポートフォリオの位置づけ、評価規準についても、具体的にわかるようになります。

特色

- 欧米の理論をわが国に合うよう改良して理論化！
- 普通の学校で実践できるポートフォリオ！
- ポートフォリオ導入による効果－子どもの学びの質が高まる。子どもをしっかり見つめるようになる。家庭や地域との連携にも役立つ。
- 学習ファイルだけで満足していませんか。本書を読んで確認して下さい！

目次

- 第１章　なぜ総合的な学習でポートフォリオが必要か
- 第２章　ポートフォリオの準備
- 第３章　総合的な学習のデザインと実際
- 第４章　ポートフォリオ初心者向け 講座
- 第５章　ポートフォリオ経験者向け 講座
- 第６章　教師の力量形成の手だて

〒112-0012　東京都文京区大塚3-2-1　図書文化　TEL03-3943-2511　FAX03-3943-2519
http://www.toshobunka.co.jp/